녹색교육 숲유치원

-독일 · 스위스 · 한국-

이명환 · 김은숙 공저

교육아카데미

글을 들어가며

자연이 좋아서, 산이 좋아서 무엇보다 유럽의 숲유치원에 매료되어 숲아이들의 생활을 동경하고 독일과 스위스의 숲유치원 현장을 매년마다 방문하면서 이를 관심 있게 연구하게 되었다. 이러한 가운데 우리나라의 아이들도 숲에서 마음껏 뛰어놀며 숲속의 생명들과 어울려 생활하는 숲아이들이 되길 바라며 끊임없이 대안을 찾고 노력한지 10여년이 지난 지금, 드디어 우리나라의 아이들도 숲아이들이 되어 숲에서 생활을 시작하게 되었다.

숲유치원과 숲아이들.... 독일, 덴마크, 스위스, 노르웨이, 스웨덴, 영국 등의 유럽국가와 미국, 캐나다 그리고 일본에 이르기까지 세계의 많은 선진 국가에서는 '자연이 교육의 원천'이라는 교육의 깊은 원리를 깨닫고 유아기부터 숲교육을 실천하고 있다. 이러한 자연친화 유아교육의 흐름 속에서 우리나라에서도 최근 숲에서의 체험교육이 각광을 받기 시작했으며, 더욱이 산림청에서는 숲의 또 다른 가치를 실현하고자 숲 속 체험교육의 장과 상응하는 프로그램을 어린이와 청소년을 위하여 폭넓게 제공하고 있는 매우 바람직한 현실이다. 이와 같이 바람직한 녹색교육이 시작되고 있는 시점에서 인천대학교 숲유아교육연구소에서는 최근 인천의 청량산에 숲유치원을 시범운영하고 있다. 이 숲유치원은 매일 매일 숲으로 아이들이 부모님과 함께 등원을 하고, 하루 4시간씩 숲에서 활동을 하고 있다. 비가 내리는 날은 우비와 장화를 신고, 바람이 세차게 불면 외투를 여러 겹 껴입고, 눈이 내리면 모자와 목도리와 장갑을 하고 교사와 함께 아이들은 날씨와 관계됨이 없이 숲으로 들어간다. 정말이지 '나쁜 날씨란 없다. 다만 나쁜 복장이 있을 따름이다'라는 말이 이토록 실감나게 느껴질지 몰랐다.

숲유치원의 이해를 돕기 위해 숲유치원에 자녀를 취원시키면서 본 연구소로 보내온 한 학부모의 감사메일의 글을 인용하여 숲유치원 교육의 의미를 생각해 보고자 한다.

"요즘처럼 아이들 자라는 모습을 보는 게, 하루하루 달라지는 모습을 보는 게 행복하고 흐뭇했던 적이 없었던 것 같습니다. 말없이, 조건 없이 모든 것 다 내어 주는 자연이 우리 아이들을 품어주며 아이들의 눈빛을 쫓아 부지런히 움직이시는 우리 선생님들이 또한 품어주시니 우리 아이들 참 행복하다 라는 생각을 많이 합니다. 또한 그런 아이들을 바라보는 저희 부모들 또한 행복하기 그지 없지요…"

그동안 이러한 부모님의 기대에 어긋나지 않기 위하여, 아니 그 보다 더 아이들의 참다운 행복을 위하여, 사명감을 가지고 숲교육을 실천하면서 깨닫게 된 점은 숲에서 아이들과 생활하고 그들을 교육시키기 위해서 교사는 결코 숲에 대한 지식을 많이 알아야만 시작되는 것이 아니라는 사실이었다. 숲에 대한 지식 이전에 아이들과 함께 숲으로 먼저 들어가는 용기가 우선일 것이다. 일단 아이들을 이끌고 숲으로 들어가서 아이들에게 무엇인가 설명해주고, 알려주려고 하지 말고, 아이들이 숲 속의 모든 것들을 바라보며 느낄 수 있도록 해 주어야 한다. 단지 교사는 아이들이 숲에서 마음껏 바라보며 뛰어 놀 수 있도록 주변 환경을 마련해 주는 것이 필요하다. '선생님 이것 좀 보세요. 선생님! 이 냄새 맡아보세요. 선생님! 나뭇잎이 떨어져요. 선생님! 무슨 소리가 들려요.....' 이렇듯 아이들은 질문보다 있는 그대로 표현하며 교사가 함께 있어 자기들의 작은 발견에도 그저 긍정의 눈빛을 보내주고, 긍정의 격려를 해 주길 바라고 있다. 그리고 언제든 아이들에게 다가가 아이들의 눈높이에 맞출 수 있도록 늘 두 손은 자유롭게, 복장과 신발은 자신의 몸을 보호할 수 있도록 잘 갖추고, 아이들과 함께 자연을 즐길 수 있는 준비가 되어 있으면 될 것이다.

본 저서의 출판과 관련하여 숲유치원 교사인 문영희 선생님, 김 연 선생님께 이 자리를 빌어 감사의 마음을 드리고, 필자와 같이 숲에서 활동하고 있는 숲유치원의 숲아이들인 김규민, 김노은, 김시현, 김채린, 박성연, 송하윤, 신동민, 유태우, 윤호영, 이가인, 이환, 최수연, 홍지민 어린이와 숲유치원의 모든 학부모님께 고마운 마음을 표한다.

이 책이 숲유치원에 대한 올바른 이해와 유아교육 현장에서의 자연친화 유아교육의 적용과 실천을 하는데 작은 도움이 되었으면 하고 바램해 본다. 이 책은 제 1장에서는 독일의 다양한 숲유치원에 대하여 다루었고, 제 2장에서는 스위스의 숲유치원과 숲학교에 대하여 기술하였으며, 제 3장에서는 한국의 숲유치원에 대하여 고찰하였다. 참고로 이 책의 제 1장과 제 2장의 내용은 산림청 정책연구 용역 결과보고서(2008)에서 본 필자가 연구한 부분을 발췌하였고, 사진 자료와 글을 보완하여 기술하였음을 밝혀둔다. 끝으로 자연친화적인 유아교육의 저서의 필요성을 인식하시고 '독일의 숲유치원'에 이어 두 번째 출판을 허락해 주신 도서출판 교육아카데미 김의용 사장님과 직원 여러분께 감사의 뜻을 전한다.

2010년 1월

저자 일동

차 례

제 1 장

독일의 숲유치원

제1장 독일의 숲유치원

유럽의 경우 숲유치원(Waldkindergarten)은 기존의 유치원이나 보육시설의 유아들이 각 유아교육기관의 연간교육계획이나 월간교육계획에 의해 정기적으로 숲으로 와서 숲 속을 체험하는 형태로 교육이 이루어지고 있는 경우도 있고, 대부분의 전형적인 숲유치원은 숲으로 등원하고 숲에서 모든 유치원의 교육과정이 진행되며, 숲에서 귀가하는 형태를 취하고 있다. 특히 숲유치원이 해를 거듭할수록 많이 설립되어 활발히 운영되고 있는 독일을 중심으로 그 사례를 살펴보는 것은 큰 의의가 있다고 본다. 독일에서 숲유치원이 최초로 설립된 1993년을 기점으로 학부모와 사회단체 그리고 지방자체단체의 후원과 지지에 의해 2002년에는 74곳이었던 숲유치원이 2009년 현재 900여곳이나 된다. 또한 독일과 더불어 다른 유럽국가와 일본 등지에서도 숲유치원의 필요성과 교육적 진가가 반영되어 설립이 증가되고 있다. 숲유치원의 활성화와 더불어 숲유치원의 형태와 운영시간도 점점 다양화 되어가는 것을 볼 수 있는데, 이 장에서는 독일의 특색 있는 숲유치원 다섯 곳을 선정하여 운영형태와 교육활동 그리고 주요한 특징 등에 대한 사례를 살펴보고자 한다.

1. 전형적인 숲유치원의 본보기
- 벤스하임(Bensheim) 숲유치원 -

1) 운영형태

독일 헤센주 벤스하임에 위치한 숲유치원은 1996년에 학부모 단체가 주체가 되어 시에서 소유하고 있는 숲에 설립되었다. 벤스하임의 숲유치원은 2개의 반이 있으며, 2개의 반 모두 3~5세 유아 혼합연령으로 15명이 한반으로 구성되어 있다. 각 반에 2명의 교사가 배치되어 있으며, 이곳은 학부모의 적극적인 협조 아래 독일 숲유치원 중에서도 매우 성공적으로 운영되고 있는 모델 숲유치원이라 할 수 있다.

전형적인 숲유치원 형태인 벤스하임 숲유치원에 마련된 물리적 환경요소는 비상대피소겸 교재·교구를 보관하는 컨테이너 하우스가 있다. 컨테이너 하우스는 숲유치원 입구에 설치되어 있다. 그리고 아이들의 모임 장소로 활용될 수 있도록 통나무 의자가 둥그런 형태로 마련되어 있는 것이 전부이다.

벤스하임 숲유치원 숲의 입구에 세워져 있는 교재·교구 보관 및 악천후 시 대피소 기능을 하는 컨테이너 하우스

생물교사의 도움으로 만들어진 작은 곤충이 화분 안에 살 수 있도록 배려된 유아들의 작은 텃밭

2) 하루일과 및 교육활동

벤스하임 숲유치원에서의 일과는 7시 45분경 등원부터 시작되며 아침자유놀이, 아침모임, 대집단 활동, 간식시간, 숲으로 이동, 숲에서의 자유놀이, 간식시간, 아침모임 장소로 이동, 끝나는 모임 그리고 개별귀가로 하루에 3~4시간 동안 교육이 이루어진다. 숲유치원에서의 하루일과를 기술하면 다음과 같다.

(1) 아침모임

통나무 의자에 유아와 교사가 자유롭게 둥그렇게 둘러 앉아 즐거운 노래를 부름으로부터 아침모임이 시작된다. 노래가 끝나자 유아들로 하여금 전체 인원을 점검할 수 있도록 선생님께서 '지금 모여 있는 사람이 몇 명일까?'하고 물어본다. 유아들은 하늘을 향해 손을 높이 들었고 교사의 지명으로 한 유아가 앉아 있는 유아들을 센다. 이날 오지 않은 유아가 누구인지 교사가 묻기도 하고, 혹은 결석한 유아의 특성을 선생님께서 이야기해 주시면 그 아이가 누구인지 아이들이 대답하여 결석한 아이가 누구인지를 확인하는 과정을 통해 공동체 의식과 소속감을 함양시킨다.

아침모임이 이루어지는 장소에서 교사는 맨발의 자유로운 모습으로 기타를 치며 유아들과 즐겁게 노래를 부르고 있다.

(2) 대집단 활동

대집단 활동으로 이야기나누기, 율동이 이루어진다. 이야기나누기는 동물에 대한 것으로 교사는 달팽이, 부엉이 등의 사진을 퍼즐로 만든 것을 유아에게 한 조각씩 나누어 가지게 한 후 그림을 비교해 가며 퍼즐을 완성하였다. 퍼즐이 완성되자 유아들은 모두 제자리에 앉았다. 교사는 유아들이 맞춘 퍼즐 중에서 동물의 특성을 이야기 하면 유아들은 동물의 이름을 알아맞히는 활동을 하였고, 이 활동이 끝나자 교사는 퍼즐에 있었던 학을 보여주며 노래를 하고, 학이 개구리를 잡으러 가는 모습을 표현한 노래를 교사가 크게 불러 주자 유아들은 모두 율동으로 이 상황을 재미있게 표현하였다.

율동이 끝나자 교사는 이날 특별히 빵 만들기를 준비하여 빵 만들기 재료를 유아들에게 소개하였다. 이 숲유치원에는 자연 친화적인 재료를 사용하여 만들어진 빵 굽는 오븐이 준비되어 있고, 이 오븐은 졸업생 학부모들이 선물한 것이라고 하였다.

자유놀이 시간에 교사와 아이들이 밀가루를 반죽해서 동그랗게 빵 모양을 만들어 작업대 위에 놓고 있다.
냄새도 맡아보고, 손에 묻은 반죽을 떼어 먹어 보기도 하였다.

교사는 빵을 굽기 위해 오븐에 나무장작을 지피고 있다. 이 오븐은 졸업생 학부모들이 벤스하임 숲유치원의 유아들을 위해 선물한 것이라고 하였다.

벌들의 호텔. 전문가의 도움으로 벌들이 살 수 있도록 자연재료로 벌집이 지어져 있다.

(3) 간식 1

대집단 활동이 끝난 후 유아들은 집에서 미리 준비해 온 간식을 손을 씻은 후 먹는다. 이 숲유치원은 첫 번째 간식 때는 각자 준비해온 채소나 과일(예: 홍당무, 피망, 사과, 포도 등)을 먹고, 자유놀이 후에 있는 두 번째 간식시간에는 빵과 음료를 먹는 것이 특이했다. 유아들 대부분이 간식을 한꺼번에 모두 먹는 것이 아니라 먹을 수 있을 만큼만 먹은 후 다시 가방에 넣었으며 교사도 개별적으로 준비해 온 간식을 아이들과 함께 먹는다.

간식 후에는 교사가 미리 준비해온 물통에서 물을 받아 다시 손을 씻은 후 빵 만들기를 하였다.

교사가 준비해온 물통에서 물을 틀어 유아가 손을 씻고 있다. 물통의 물 준비는 학부모가 당번을 정해 돌아가면서 하고 있다.

(4) 숲으로 이동

간식이 끝난 후 유아들은 숲으로 이동하기 위하여 스스로 각자의 배낭을 짊어지고 오늘 목적된 숲의 활동장소를 향해 출발한다. 이때 혼자서 가방을 메지 못하는 아이가 있으면 배낭을 멜 수 있는 다른 유아가 배낭을 메는 것을 도와주는 장면을 볼 수 있다. 숲으로 이동하면서 유아들은 많은 것을 발견하게 되며, 이것을 가지고 놀이를 하며 목적지로 향하게 된다. 이동하는 과정 중에 앞서 간 유아들은 약속된 장소에서 더 이상 먼저 가지 않고 다른 유아들이 다 모일 때까지 기다리는 모습을 볼 수 있었다. 기다려야 할 장소의 명칭은 그 곳의 자연 특성에 따라 유아들이 이름을 붙여 놓았다. 한편 교사는 숲에서 필요한 각종 도구가 들어 있는 손수레를 끌고 유아들과 함께 숲으로 이동한다.

이날은 특별히 자유선택 활동으로 빵 굽기 활동이 이루어져 숲으로 갈 유아는 숲으로 가고 빵 굽기 요리활동을 할 유아는 남아 있었다.

숲으로 이동하면서 길을 건너는 위치에 도착하면 먼저 온 아이들이 다른 아이들이 모두 오기를 기다리고 있다.

(5) 숲에서의 자유놀이

숲에 도착하자마자 약속된 장소에 가방을 내려놓고, 선생님은 큰 천을 깔아 유아들이 앉아서 활동할 수 있는 자리를 마련한다. 자유놀이 시간에는 주로 자연 재료를 이용하여 놀이를 하며, 공구들을 이용하여 죽은 나무를 자르기도 하고, 구멍을 내기도 하고 필요한 것을 직접 만들기도 한다. 비가 온 후 습기가 많은 날씨에는 민달팽이가 많이 발견되어 다양한 나뭇가지와 나무껍질을 이용한 달팽이 호텔을 만들기도 한다.

유아는 숲에 도착하자마자 약속된 장소에 가방을 내려놓고 자유놀이를 한다.

<숲에서의 자유놀이 1>

-달팽이 호텔 만들기-

교사와 유아가 나뭇가지와 나무껍질을 이용하여 달팽이 호텔을 만들고 있다.

<숲에서의 자유놀이 2>

-나무놀이-

한 아이의 신호에 따라 쓰러져 있는 나뭇가지 위를 걸어 다니고 있다.

만약 위험한 행동을 하는 유아가 있으면 그 유아에게 다른 아이들이 그러한 행동을 하지 않도록 이야기 한다. 그래도 위험한 행동을 할 경우 교사를 불러 교사의 도움을 요청한다.

<숲에서의 자유놀이 3>

-칼로 나뭇가지 자르기-

만 3세 유아가 끝이 뭉뚝한 칼로 나뭇가지를 깍고 있다. 칼을 사용할 때는 안에서 밖으로 칼을 사용하였다.

<숲에서의 자유놀이 4>
-주사위놀이-

4개의 나뭇가지를 주워다가 주사위를 던질 수 있는 장소를 정사각형 모양으로 흙바닥 위에 만든다. 주사위를 던져서 나온 숫자만큼 나무토막을 가져가서 규칙에 따라 높이 쌓기도 하고 뱀 놀이와 달팽이 만들기를 해 본다.

<숲에서의 자유놀이 5>
-그림그리기-

준비된 도화지에 색연필을 이용하여 그리고 싶은 것을 마음껏 그린다.

<숲에서의 자유놀이 6>
-색종이 접기-
교사의 도움으로 유아들이 종이비행기를 접고 있다.

(6) 간식 2

숲에서의 자유놀이가 끝난 후 간식을 먹고 싶은 유아들은 가방을 가지고 한 곳으로 모인다. 가방에서 우선 물수건을 꺼내어 손을 깨끗이 닦고 자유롭게 간식을 먹는다. 한명이 먹으면 대다수의 유아들도 따라서 자연스럽게 간식을 먹는다. 간식을 다 먹으면 각자 스스로 간식통을 배낭에 넣고 정리한다.

(7) 아침모임 장소로 이동

숲유치원의 아침모임 장소로 이동하기 위하여 한 곳에 동그랗게 모인다. 모인 유아들은 숲으로 올 때와 같은 방법으로 약속된 장소에서는 멈춰서 교사를 기다리며 차가 다니는 길에서는 선생님이 도착한 후 큰 유아가 왼쪽 오른쪽 양방향을 확인한 후 안전

하다고 판단하여 건너라고 표시를 해줘야 건널 수 있다.

돌아가는 길이 때에 따라서는 오전 이른 시간에 숲에 올 때 보다 관찰할 것이 더 많은 경우 올 때 보다 갈 때의 시간이 더 소요되는 경우가 허다하다.

아침모임 장소로 돌아가기 위해 각자의 배낭을 철저히 메고 떠나려 하고 있다. 유아들 모두 활동하기 편하게 등산화를 신고 있다.

열매를 살짝 만지면 톡톡 소리를 내며 터지는 물봉선화. 유아의 손과 눈의 협응이 자연스럽게 이루어지고 있으며, 집중하여 물봉선화의 특징을 체험하고 있다.

(8) 끝나는 모임

아침모임이 있었던 곳에 모두가 둥그렇게 앉아서 끝나는 모임을 갖는다. 대부분은 평평하고도 안온한 분위기가 있는 곳에 둘러앉아 15분 정도 오늘 활동한 내용과 관련하여 이야기를 나누고 헤어지는 노래와 인사를 한다.

벤스하임 숲유치원에서의 하루의 일과는 오후 12시 15분까지 이루어지며, 모든 활동이 끝난 후에는 부모들이 아침에 자기 자녀들을 데려다 주었던 장소로 자기 아이를 데리러 오게 되며, 이 시간을 통하여 교사와 학부모는 또한번 교육에 필요한 정보를 주고받게 된다. 이때 유아들은 숲에서 발견한 온갖 자연물들을 부모에게 선사하게 되는 경우도 있는데, 아무리 하찮은 물건이라도 아이의 성의를 보아서 꼭 집에 소중히 가져가 정성껏 보관하고 있음을 학부모와의 대화를 통해서 알 수 있었다.

2. 놀이활동영역이 숲 속에 배치된 숲유치원 본보기

- 막트하이덴펠트(Marktheidenfeld) 숲유치원 -

1) 운영형태 및 하루일과

독일 바이어른주 지역에 위치한 막트하이덴펠트 숲유치원은 시에서 소유하고 있는 숲에 학부모단체가 주체가 되어 2001년에 설립되었으며 지금 현재 27명의 유아들이 다니고 있다. 숲유치원의 교육적 효과로 대기자 명단이 있으며, 3세부터 6세까지 혼합연령으로 반이 편성되어 있다.

막트하이덴펠트 숲유치원의 일과를 간단히 소개하면, 7시 45분 부터 아이들이 모이기 시작하여 9시가 되자 아침인사를 하면서 아침모임을 시작하였다. 특히 막트하이덴펠트 숲유치원에서 이루어지는 활동은 일반유치원처럼 노래하고, 춤추고, 동화를 듣는 것 등의 일과가 거의 똑같다. 그러나 유치원에 지붕과 벽이 없다는 것과 매일 매일 모험적인 환경속에서 자연과 함께 배운다는 것이 다른 점이다. 무엇보다도 막트하이덴펠트 숲유치원은 다른 숲유치원과는 달리 특별히 숲으로 이동하지 않고 지정된 넓은 숲 장소에서 모든 활동이 이루어진다는 점이 특이했고, 모임장소에는 우리나라 유치원 교실에 배치된 모든 영역들이 구성되어 있었다.

오전 9시에 아침모임이 이루어져 출석 확인과 오늘 활동에 대해 소개를 하였다. 이어서 11시까지 자유놀이가 이루어지는데, 교사의 지시 없이 유아의 자유의지에 의하여 이루어지는 자유놀이는 이 숲유치원에서 대단히 중요한 요소이다. 또한 자유놀이 시간에 간식도 자율간식으로 진행이 되고 있는데, 이는 아이가 언제 배가 고픈지 각자가 느끼게 하여 스스로 간식시간을 선택하도록 하는데 목적을 두고 있다. 이러한 자율간식이 진행되면서 유아들은 정서적으로 맞는 아이들끼리 간식을 먹는데 간식시간을 정해주지 않아도 거의 같은 시간대에 간식이 이루어진다. 이때 교사는 아이들이 놀이에 너무 집중한 나머지 간식 먹는 것을 잊어버리지 않도록 잘 관찰하여 모든 아이들이 간식을 먹을 수 있도록 하였다.

이 숲유치원에서의 활동은 오후 2시까지 이루어지며, 이는 겨울철에도 동일하다. 보통 숲유치원은 오전에만 교육이 이루어지는 '반일제 유치원' 형태를 취하고 있으며 교육시간은 겨울철 3시간을 제외하고는 모두 4시간동안 이루어지는 것에 비해 막트하이덴펠트 숲유치원의 운영시간은 6시간동안 운영되고 있어 다른 숲유치원과 다르게 운영시간이 탄력적이었다. 점심은 특별히 실시되지는 않았으며, 넉넉하게 간식을 준비해 와서 자주 먹는 것을 볼 수 있었다.

이 지역의 숲에는 가시가 돋아난 풀이 많기 때문에 항상 긴 팔 옷과 긴 바지를 입고 모자를 쓰며, 꽉 묶을 수 있는 끈이 달린 신발을 신어야 한다. 또한 언제 어디서든 깔고 앉을 수 있는 방수가 되는 방석을 가지고 다니며, 모든 아이들은 배낭을 하나씩 메고 있는데 배낭 안에는 각자 가정에서 준비해온 물과 간식이 들어있다.

2) 환경적 특징

막트하이덴펠트 숲유치원은 서두에 이야기 한 것처럼 숲으로 이동하여 활동하는 것이 없는 대신 넓은 숲속의 모임장소에 모든 활동영역이 배치되어 있어 이곳에서 대집단 활동과 개별활동 모든 것이 이루어지고 있다. 막트하이덴펠트 숲유치원에 배치된 활동영역은 모험놀이영역, 쌓기놀이영역, 모래놀이영역, 역할놀이영역, 과학영역, 간식 및 모임영역, 그리고 교육 자료와 도구 등이 보관되어 있는 컨테이너 하우스가 있다.

(1) 모험놀이영역

유아들은 숲에서 평지와는 달리 고르지 못한 길을 걷기도 하고, 경사진 언덕을 오르내리거나, 쓰러져 있는 나무 위를 걸으며 동작의 평형감각과 협응을 익히게 된다. 숲에서 유아들은 신체적인 동작에 방해를 받지 않고 마음껏 활동하기에 움직임에 대한 충동력이 자연스럽게 소진된다. 또한 유아 스스로 다양한 움직임의 가능성을 익힐 수 있으며 다양한 모험놀이가 이루어진다. 특히 학부모들은 자신의 자녀들이 숲유치원에서 집에 돌아와서도 오후 내내 계속해서 많은 환타지를 가지고 매우 집중하여 놀이를 하는 현상을 보이고 있다고 학부모 인터뷰에서 말해 주었다.

높이와 크기가 서로 다른 나무 기둥을 둥그렇게 세워 놓았다. 남자 유아들이 유난히 많이 모여 있었고, 여기에서 아이들은 오르고 내리는 놀이도 하고 한 곳에서 다른 곳으로 이동하는 놀이를 하였다.

크고 속이 텅 빈 나무가 쓰러져 있다. 이 속에 유아들은 돌과 나뭇가지들을 던져 넣기도 하고 통과하기도 하였다.

쓰러져 있는 나무 위에 올라가 뛰어내리기도 하고 주변에서 주워온 나뭇가지를 던지기도 하고 총싸움놀이를 하기도 하였다.

두 명의 유아가 긴 나무판을 가지고 와서 숲에 놓여있는 나무둥치를 이용하여 시소놀이를 하고 있다.

대근육 활동을 위하여 부모들이 만들어 놓은 기구들이다. 나무에 홈을 파서 유아들이 흥미를 가지고 올라갈 수 있도록 하였고, 밧줄 사다리를 나무에 매달아 의도적으로 동작활동이 촉진되게 설치해 놓았다.

(2) 쌓기놀이영역

숲에는 다양한 크기와 모양의 무한한 자연물들이 산재해 있다. 유아들은 숲에 널려져 있는 나뭇가지와 돌 등을 모아 배를 만들기도 하고, 멋진 나무집을 짓기도 한다. 예를 들어 자연소재를 이용하여 하는 숲에서의 쌓기놀이 활동은 유아들로 하여금 상품화되고 그 기능이 고정화된 장난감의 중독에서 벗어나게 한다. 특히 쌓기놀이를 통해 유아들은 자연스럽게 크고 작은 문제 발생 시 이를 극복할 수 있는 해결력이 생기게 된다.

통나무로 만든 집안에서 아이들은 역할놀이를 하기도 하고 혹은 그 안에 모아두었던 나뭇가지를 가지고 나와 쌓기도 하고 주변의 쓰러져 있는 큰 나무들을 두드려 보기도 한다.

교사가 유아들과 함께 주변의 나뭇가지를 이용하여 작은 나무집을 완성하였다. 이것은 누구의 집이냐는 물음에 한 유아는 한참을 생각하더니 생쥐를 위한 집이라고 한다. 교사는 최근에 숲유치원 주변에 작은 생쥐들이 이동하는 모습을 유아들이 보았다고 이야기 해 주었다.

아침모임에서 아이들은 숫자 5에 관심을 보였으며, 곧 아이들이 교사와 함께 돌로 숫자 5 형태를 만들고, 그 안을 주변의 솔방울이나 작은 나뭇잎 등의 자연물로 숫자 5 안을 채우고 있다.

(3) 모래놀이영역

모래놀이는 촉각적 자극을 통한 감각 경험을 제공하기에 매우 중요하며 유아들이 대단히 좋아하는 영역이다. 숲유치원에 마련된 모래놀이터는 유아들이 마음대로 그림도 그리고 글씨도 써 보고 언제든지 지울 수 있는 커다란 스케치북과 같은 역할을 하였다. 모래놀이 주변에 유아들이 둥그렇게 모여 조용하고 주의력 깊은 놀이가 이루어지는 것을 볼 수 있다.

교사가 모래에 어떤 그림을 그리면 그 그림의 이름을 맞추어 보는 활동을 하기도 하고, 한 명의 유아가 모래위에 그림을 그리고 교사 대신 문제를 내기도 한다. 교사와 아이들의 손에는 작은 나뭇가지가 들려져 있다.

(4) 간식 및 모임장소

숲의 한 영역에 유아들이 모두 모일 수 있도록 나뭇가지를 이용하여 둥그런 모임장소가 마련되어 있다. 이곳에는 유아들이 계절을 느낄 수 있도록 계절에 맞는 자연물을 올려놓은 작은 탁자가 놓여있으며, 달팽이와 양털로 만든 인형들이 전시되어 있다. 여기에서는 유아들이 둘러 앉아 간식을 먹기도 하고 동화를 듣거나 대집단 활동을 한다. 또한 이 곳 주변에는 손을 닦을 수 있도록 물통이 준비되어 있다.

모임장소에 유아들이 모여 간식을 먹고 있다. 정해진 시간에 먹는 것이 아니라 배가 고프다고 생각되는 유아들이 모여 앉자 모든 아이들이 모이기 시작하였다.
감사 노래를 하고 간식을 각자 배낭에서 꺼내어 먹는다.

모임장소 옆에는 손을 씻을 수 있도록 테이블 위에 물통을 놓았고 나뭇가지에 수건이 걸려 있다. 아이들은 한 줄로 줄을 서서 차례를 기다리고, 차례가 되면 손을 씻었다. 나이 어린 유아의 경우 교사가 손을 씻는 방법을 알려주었다.

(5) 역할놀이영역

유아에게 흥미롭게 느껴진 다양한 경험을 재현해보거나 자신의 상상이나 생각들을 행동으로 표현해 보는 다양한 활동을 할 수 있는 영역이다. 숲에서 아이들이 자연물을 이용한 소꿉놀이에서 사회적 역할을 배우게 되며, 가상적인 동물의 역할을 하면서 상상력이나 문제해결력을 발달시킬 수 있는 영역이 마련되어 있다.

자연물을 소재로 하여 소꿉놀이를 하고 있다. 한 남자아이가 주변의 나뭇잎을 따서 여자아이에게 주면, 나뭇잎을 손으로 자른 후 그릇에 넣어 스프를 만들고 있다.

동화 속에 나올 것 같은 숲속의 빵가게이다.
빵가게에 앉아 유아 둘이서 손님을 기다리고 있다.

소꿉놀이를 할 수 있는 공간.
돌 등의 자연물로 식탁을 차렸다.

유아들이 토끼를 흉내 내고 있다. 유아들은 토끼처럼 뛴 후 토끼굴을 삽으로 파서 만들었고, 작업이 끝난 후 빗자루로 주변의 어질러진 흙을 쓸었다. 그리고는 굴속에서 토끼가 되어 잠을 자는 놀이를 하고 있다.

(6) 과학영역

숲유치원은 유아들이 감각을 통하여 자연환경을 올바르게 받아들일 수 있도록 무한한 가능성과 능력을 부여하는 곳이다. 유아들이 어떤 사실을 구체적으로 인식하고 받아들이기 위해서는 대상 사물을 보고, 만져보고, 냄새 맡고, 듣고, 맛보고 그리고 직접 온몸으로 체험해 보아야 하는데 이는 호기심, 자발적 행위, 실험에 관한 흥미가 유아의 내면에 선천적으로 자리 잡고 있기 때문이다. 숲유치원은 모든 곳이 과학영역이라고 할 수 있지만 특히 여기에서는 식물을 직접 키우고, 곤충을 관찰할 수 있는 영역이 마련되어 있다.

(7) 컨테이너 하우스

컨테이너 하우스는 숲에서 교육활동 시 악천후에 대비하여 대피장소로 사용할 수 있는 공간이며 아울러 교육용으로 알맞게 개조하여 숲활동에 필요한 교육 자료와 도구 등을 보관하여 두는 장소이다. 이 안에는 삽, 톱, 망치 등의 작업도구와 공작도구, 동화책, 동·식물도감, 확대경 등의 교육 자재들이 질서 있게 정리되어 있다. 또한 각 숲유치원마다 컨테이너 하우스의 규모는 차이가 있는데 이곳은 겨울철을 위한 난방시설과 유아가 몸이 불편할 시 쉴 수 있는 침구까지 갖추어져 있어 유아가 활동하기에 전혀 불편함이 없다.

장소를 이동하여 설치할 수 있도록 바퀴가 달려있는 컨테이너 하우스 전경모습.
유아들이 안으로 들어갈 수 있도록 계단이 문 입구에 마련되어 있다.

컨테이너 하우스의 내부모습
실내에서 활동할 수 있도록 테이블과 의자가 배치되어 있고, 이곳은 악천후 시 대피소 및 활동영역으로 활용된다.

(8) 그밖의 환경구성

막트하이덴펠트 숲유치원은 일반유치원과 크게 다르지 않게 숲유치원 활동을 안내하는 안내판과 환경판 등이 꾸며져 있으며, 유아들이 이곳에서 활동하는데 있어 자유롭고 질서감을 배울 수 있는 정리코너 등이 마련되어 있다. 또한 유아들이 쉴 수 있는 흔들매트와 소리감각을 느낄 수 있는 모빌 등도 숲 속의 적당한 영역에 배치되어 있다.

<소지품정리영역>

유아들이 각자의 배낭을 걸어 놓거나 정리하는 곳이다. 고리 위에 각 유아의 자리를 표시하는 그림이 붙어있다. 그리고 뒤에 위치한 게시판에는 숲유치원에 대한 소개와 안내문들이 붙어 있다.

숲 안에 통나무를 잘라 만든 테이블과 의자들의 모습. 이곳에서 유아들은 작업도 하고 놀이를 통한 다양한 활동을 한다.

3. 지역인사와 함께하는 숲유치원

- 봐일하임(Weilheim) 숲유치원 -

1) 운영형태

바이어른 주에 위치한 봐일하임 숲유치원은 1999년에 부모들의 주도에 의해서 설립되었으며 2명의 교사가 15명의 원아를 교육하고 있다. 봐일하임 숲유치원은 7년 전에 시로부터 대안 유치원으로 인정받았다. 시로부터 인정을 받았기 때문에 교사 급여의 80%는 시에서 지원을 받고 나머지 20%는 학부모들이 납부하는 교육비로 충당하게 된다. 이 숲유치원의 재정은 교육비와 후원금으로 이루어지며 행정과 모든 교육에 필요한 것들은 학부모들이 명예직으로 아무 보수 없이 자원봉사 차원으로 지원하고 있는 형태이다.

자유놀이 시간에 참여한 지역 인사인 쉐쯔 박사와 학부모 대표와 교사의 모습

2) 교육활동

숲유치원과 연계하여 초등학교에서의 학업능력을 연구한 결과, 숲유치원에 다닌 아이들이 일반유치원을 다닌 아이들보다 초등학교에 들어가서 좀 더 좋은 성적을 얻었다고 하였다. 즉, 헤프너(Haefner)의 하이델베르그대학의 박사논문을 통하여 밝혀진 연구에 의하면, 숲유치원을 다녔던 원아들이 일반유치원을 취원했던 원아들보다 초등학교에 들어가 집중력과 몰입하는 능력이 앞섰으며, 또한 어떤 상황에 직면했을 때 전체를 이해하고 대처하는 능력이 앞섰고, 배운 것을 남에게 베풀 수 있는 능력이 앞섰다고 하였다. 다만 질서부분에서 통계치가 다소 내려가긴 했지만 다른 면에서는 모두 우수하기 때문에 봐일하임 교

사들은 숲유치원을 고수하겠다고 하였다. 숲유치원에서는 일반 유치원처럼 가위질을 하거나 여러 재료들을 이용하여 작업하는 것은 많이 안하지만 아이들이 여기서 자연스럽게 톱질을 한다거나 다양한 근육활동을 하기에 일반유치원 아이들보다 이 방면에 월등히 앞서고 있다. 봐일하임에서는 특히 체험활동에 대한 구체적인 계획을 수립하여 프로젝트 활동을 하는 모습을 볼 수 있었다. 이에 대한 실예를 소개하면 다음과 같다.

'나무 프로젝트'를 하기 전 나무 막대기를 가지고 음률놀이를 하고 있다.

<나무 프로젝트-제목 : 우리들은 나무>

'우리들은 나무'라는 프로젝트 활동이 이루어졌다. 숲유치원의 주변에는 아이들이 나무에 대한 변화 모습이나 궁금해 하는 것들이 전시되어 있었으며 오늘은 특히 유아들과 방문객들과 함께 '나무속에 대한 활동'을 하였다. 교사와 유아는 함께 활동을 하고 특히, 이날 활동내용은 아이들의 신체표현과 활동이 이색적이었다. 먼저 교사는 아이들이 표현할 내용을 이야기식으로 계속 들려주며, 이 내용을 듣고 아이들은 몸으로 표현하는 활동을 하였다.

"나무 속 역할을 하려면 튼튼한 사람이 반드시 필요합니다.

이 나무에 있어서 속의 역할은 나무를 지탱하는 역할을 합니다.

물관과 체관의 활동을 돕기 위해서는 속은 움직이지 말고 있어야 합니다.

이제 뿌리가 필요합니다. 최소한도 10m가량 아래로 내려가야 합니다.

뿌리 역할을 하는 사람은 앉아서 뿌리를 내려야 합니다.

가장 기본은 뿌리가 되는 겁니다. 그래야 나무가 움직이지 않습니다.

뿌리가 제일 깊은데 있는 물을 다 끌어 올려야 합니다.

잔뿌리가 필요한데 잔 뿌리역할을 할 어린이가 필요합니다.

머리를 바깥쪽으로 합니다.

가장 작은 뿌리가 어디에 물이 있는지 찾습니다.

수많은 잔뿌리들이 물을 찾습니다.

물을 끌어 올리겠습니다. 쒹~ 지금 나무속을 둘러 싼 것은 물관입니다. 후이~

광합성 작용을 위한 체관이 필요합니다.

체관은 광합성에서 생긴 영양분을 이동시킵니다.

겉껍질이 필요합니다. 껍질역할을 맡은 사람은 바깥쪽을 보고 서세요.

이 나무를 보호해야 하기 때문에 인상을 쓰면서 소리를 지르며 무서운 표정을 짓고 있으세요. 이제 나무를 갉아먹는 벌레가 들어옵니다. 벌레가 못 들어오도록 겉껍질 역할을 맡은 사람은 계속해서 소리를 지르며 방어하시기 바랍니다."

이러한 프로젝트 활동을 통해서 놀이와 동작활동을 하였고, 신체활동을 하였고 그것과 더불어 자연스럽게 자연과학적 지식도 얻게 되었음을 알 수 있었다.

3) 아이들의 발달을 촉진하기 위한 전문가와의 협의

이곳 숲유치원에는 아동발달 심리 전문가인 쉐쯔(Schetz) 박사가 자원봉사자로 참여하고 있다. 쉐쯔 박사는 소아정신과 의사로 아이들의 뇌에 대하여 깊은 관심을 갖고 연구를 하고 있고, 아이들의 활동과 아이들의 생각 등에 대해서 심리전문가로서 많은 도움을 주고 있다.

쉐쯔 박사에 의하면 아이들의 발달은 밀가루 반죽과 같다고 할 수 있다. 물론 밀가루 반죽을 하려면 여러 가지 들어가는 요소가 있다. 그렇지만 거기에 모든 것을 첨가만 한다고 되는 것은 아니다. 중요한 것은 시간이다. 즉, 반죽이 따끈하게 부풀어 오르게 될 때까지 기다려야 하는 것이다. 빵이 부풀어 오르면 그때야 비로소 구울 수 있는데, 이런 의미에서 학교라는 것은 빵을 굽는 장소이고, 유치원은 빵이 부풀어 오르는 시기라 볼 수 있다. 이런 의미에서 아이들은 태어나면서부터 이미 자신의 성장・발달에 필요한 것을 모두 다 가지고 있는 것이다.

다만 거기서 필요한 것은 아이들이 정상적으로 발달하기 위한 따뜻한 온도인 것이다.

쉐쯔 박사는 그러한 조건을 어떻게 성숙시켜서 아이들이 학교에 가서 행복하고 즐겁게 생활할 수 있느냐 하는 것에 관심을 갖고 연구하고 있는데, 그는 다음의 조건의 유아기에 충족되어야 한다고 주장한다.

아이들은 주변에 산재되어 있는 나뭇가지를 이용하여 블록 놀이를 하고 있다.

첫 번째 조건은 신체적인 조건이 따라주어야 한다. 아이들은 움직이는 것이 필요하며, 동작활동으로 인하여 뇌는 정상적으로 활동하게 된다. 또한 오감각을 통한 활동이 뇌의 작용들을 촉진하게 된다. 그렇기 때문에 숲에서 아이들로 하여금 동작활동과 여러 가지 감각을 이용하는 활동을 하게 하는 것은 학교에 가서 또는 평생을 살아가면서 뇌의 발달을 촉진할 수 있는 중요한 기회를 제공하는 것이다.

'주변에 쓰러진 나무'를 이용한 놀이를 통하여 자연스럽게 몸의 균형감각이 조화롭게 이루어지게 된다.

두 번째 조건은 아이들에게 반드시 필요한 것은 '더러움'이 있어야 한다는 것이다. 여기서의 더러움은 일반적인 더러움이 아닌 자연을 통한 더러움을 의미하는 것으로 사람들은 면역기능이 있어서 이러한 자연적 더러움에는 긍정적으로 반응할 수 있는 방어기재가 만들어진다. 반면에 화학적인 더러움들은 아이들의 신체를 상하게 하는데, 숲에 있는 자연적인 더러움들은 이미 수천 년 동안 인간이 겪어오면서 생성된 것으로 인간의 면역기능에 위해적인 요소들로 작용하는 것이 아니다. 따라서 유아기에 이러한 면역에 적응하지 못한 도시의 아이들은 알레르기를 갖게 된다고 하였다. 독일의 많은 아이들도 알레르기를 갖고 있는데, 쉐쯔 박사가 1960년에 연구할 당시 독일의 3%의 어린이가 알레르기를 갖고 있었으나, 지금은 30%에 해당되는 어린이가 알레르기 증세를 보이고 있다고 하였다.

이곳 봐일하임 지역에서도 연구조사를 해본 결과 숲유치원에 다니는 아이들은 일반유치원에 다니는 아이들보다 알레르기를 덜 가지고 있음이 증명되었다.

세 번째 조건은 아이들에게 사회성이 필요하다는 것이다. 사회성의 발달과정은 중단되거나 방해를 받아서는 안 된다. 특히 어릴 때부터 역할놀이를 통해 후에 어른이 되어서 필요한 사회적인 인간관계를 숲에서 자연스럽게 배우게 된다. 즉, 숲에서의 활동은 자연스럽게 협동을 요구하게 되며, 자연의 모든 현상이 조화롭게 돌아감을 사계절을 통해 느끼며, 자신의 위치와 할 일을 자연스럽게 알게 해 주기에 사회성이 발달하게 된다. 또한 숲유치원에는 전형적인 장난감이 없기 때문에 숲에서는 장난감 놀이보다는 자연물을 이용한 창의적인 놀이와 자기들끼리 많은 대화를 나누게 된다. 아이들은 단순한 나뭇가지 한 개를 가지고 이를 소방관의 호수로 사용하기도 하고, 요리를 하는 도구나 동화책에 나오는 요술봉으로 사용하기도 하고, 또는 하나의 망치로 사용하기도 한다. 이러한 과정을 통해 아이들은 사회성과 함께 많은 대화를 통해 자연스럽게 언어발달이 이루어지고, 이러한 과정은 유아 상호간에 의사소통이 잘 되도록 이끌어 준다.

네 번째 조건은 아이들이 이 세상을 자신의 천성대로 개성있게 살아갈 수 있도록 환경을 조성해 주어야 한다는 것이다. 개성적으로 살다보면 자칫 개인 이기적인 경향으로 될 수 있는데 독일도 예외는 아니다. 특히 독일에도 아이 하나만 있는 외아이 가정이 많다. 더군다나 날이 갈수록 많은 아이들이 미디어의 역기능에 휩싸이게 되어, 아이들이 둘이든 셋이든 미디어 앞에 중독이 되다시피 단순히 앞을 바라보며 앉아 있기 때문에 형제·자매가 단지 많다는 것으로는 사회성 교육이 도움이 되는 것이 아니기에 별의미가 없다. 그래서 유아교육기관에서는 이러한 것을 극복하기 위해서 사회성 있는 교육을 하는 것을 매우 중요시 한다. 여기 숲유치원에서는 한반의 유아가 15명 정도에 교사가 2명이 되어야 교사들의 시야에 유아들이 들어오고 보다 좋은 방법으로 교육을 할 수 있다고 생각한다. 만약에 아이들의 인원이 초과되면 교사가 각 유아를 관찰하기에도 어렵고 교육을 하기에도 부적절하다. 따라서 숲유치원에서는 개성 있는 교육을 위해 3, 4, 5세 유아 15명을 혼합연령으로 한반을 구성하고 있으며 정교사 2명이 이 일을 담당하고 있다.

또한 쉐쯔 박사는 취학전 교육에 대해서도 많은 연구를 하였다. 유럽의 아이들의 학력을 평가한 하나의 연구에서 독일의 아이들은 중간정도의 수준이었으며, 이러한 소식을 듣고 상당히 마음이 편치 않았다고 하였다. 근대화된 산업국가인 독일의 학력수준이 세계에서 중간정도 밖에 안 된다고 하니 매우 우울하였으며, 왜 교육수준이 이것밖에 안 되는 것인지에 대해 심각하게 토론하였다. 하나의 해결방안으로 학교 교육에 더 많은 신경을 써야겠다고 생각하였는데, 이보다 더 근본적으로 아이들을 아주 어릴 때부터 신체적으로 정신적으로 건강하게 성장시키는 것이 더 중요하다는데 의견을 모았다. 예를 들어서 고양이가 태어났는데, 태어나서 6주일 동안 눈을 가려 놓으면 실명을 하게 된다. 더 나아가서 고양이를 이 시기에 좁은 장에 가두어 놓으면 마찬가지로 더 이상 아무것도 할 수 없게 된다. 아이들을 고양이에 직접 비교할 수는 없지만 어릴 때부터 보고 느낄 수 있는 폭넓은 경험세계를 제공해야 한다는 것이다. 아이들은 머리를 통해서 배우는 것이 아니라 움직임을 통해서 배우게 된다. 그래서 쉐쯔 박사팀은 세계 각국의 학력을 평가한 연구에서 어떤 나라들이 앞서가고 있는지 고찰해 보았다. 연구결과 앞서가는 한 나라는 핀란드였는데, 핀란드 대학에서 교사 양성을 다른 유럽국가보다 더욱 잘 시키고 있다는 것을 알 수 있었다. 그리고 핀란드에는 숲유치원이 많다는 것도 알게 되었다. 또한 핀란드의 학교가 독일보다 학급의 규모가 작았으며, 교사가 자발적으로 많은 연구와 자기계발을 하고 있었다. 이 연구를 통해 독일 교육의 근본적인 문제가 무엇인지를 깨달았으며, 숲유치원이야말로 독일의 교육문제를 해결할 수 있는 근본적인 열쇠라는 것을 쉐쯔 박사는 강조하였다.

4) 봐일하임 숲유치원의 가을 · 겨울철 모습

계절과 날씨에 구애됨이 없이 자연친화교육이 실천되고 있는 봐일하임 숲유치원의 가을·겨울철 활동의 실예는 다음과 같다.

늦은 가을날 유아들이 푹신한 낙엽위에 앉아 자연과 하나가 되어 동화를 집중하여 듣고 있다

낙엽이 떨어진 늦은 가을날 숲속에서 진지하게 활동하는 모습

나무둥지에 누워 따스한 햇살을 즐기고 있는 유아의 행복한 모습.
온몸으로 자연과 호흡하며 하나가 되고 있다.

눈과 빙벽, 고드름이 어우러진 추운 겨울철의 숲유치원이지만 아이들에겐 매일 매일이 기다려지는 모험의 놀이터이다.

교사와 아이들이 숲활동을 위해 눈이 내리고 얼음이 언 계곡물 위를 조심스럽게 지나고 있다.

눈밭 위에서 모임활동을 하고 있는 모습으로 겨울철에 맞게 복장을 완벽하게 갖추었다.

눈을 가지고 다양한 작업을 하면서 나무의 표피에 사람의 모습을 표현해 놓았는데, 자연친화적인 내음을 흠뻑 느끼게 한다.

눈 위에다가 그림물감을 이용한 미술활동을 하고 있다.

눈삽과 플라스틱 용기를 사용하여 이글루를 만들기 위한 일정한 모양의 눈덩이를 찍어내고 있다.

'나쁜 날씨란 없다. 다만 나쁜 복장이 있을 따름이다'
겨울철에 알맞은 복장을 갖추고 눈밭위에 앉아 행복하게 놀이하는 모습

눈을 이용하여 서로 협동하여 이글루를 만들며 기뻐하는 아이들의 모습.

눈으로 덮힌 컨테이너 하우스가 매우 포근해 보인다.

추운 겨울이지만 아이들은 양파같이 여러 겹의 옷을 껴입고 활동하고 있다.

4. 주말농장을 활용한 숲유치원

- 칼스루헤(Karlsruhe) 숲유치원 -

1) 운영형태 및 환경의 특징

독일 바덴뷰르템베르그 주에 위치한 칼스루헤 숲유치원은 학부모 주도에 의해 1998년에 설립된 곳으로 20명의 유아와 3명의 교사로 구성되어 있다. 이 숲유치원은 다른 숲유치원과는 다르게 아침모임을 하는 장소가 일정한 울타리로 경계구분이 되어 있으며, 컨테이너 하우스와 벤치 그리고 테이블, 화장실도 준비되어 있다. 이곳은 원래 주말농장(Kleingarten)으로 사용되었던 장소였는데, 이를 숲유치원의 모임장소로 사용하고 있어 물리적인 환경이 다른 곳과는 다른 형태였다.

주말농장 내에 2개의 작은 컨테이너 하우스가 있다. 이곳도 역시 악천후 시에만 사용된다. 아이들은 9시까지 주말농장의 정원으로 등원하게 된다. 모임장소 자체가 정원이다 보니 이곳에서 둥그렇게 앉거나 또는 아이들이 컨테이너에서 의자를 꺼내가지고 와서 모임을 갖는다. 모임에서는 노래를 부르고, 놀이하고, 그리고 실험을 하게 된다. 특히 식물의 씨를 뿌려 성장하는 과정을 일년 내내 자연스럽게 보고 체험하게 된다. 모임이 끝난 후에는 의자를 다시 원래의 장소에 스스로 갖다가 놓는다. 아침모임이 끝나면 아이들 스스로 배낭을 메고 20~30분 정도 걸으며 숲으로 이동한다. 칼스루헤 숲유치원에는 8시부터 등원하여 2시에 귀가하는 유아도 있으나, 원래는 9시부터 1시까지 운영하며, 여름, 겨울 모두 동일한 일정으로 진행이 되고 있다. 단지 강추위와 함께 바람이 부는 날에는 숲으로 이동하는 대신 이곳 주말농장에 있는 컨테이너 하우스에 들어가서 할 수도 있으나, 대부분의 경우 꼭 숲으로 이동한다. 칼스루헤 숲유치원에는 전기와 물 시설은 필요하지 않아 설치되어 있지 않았으며, 다만, 컨테이너 하우스 뒤쪽에 커다란 플라스틱 물통이 마련되어 있었다. 이는 비가 올 경우 빗물을 모아 두어 필요시 이 물을 정원에 있는 꽃이나 채소 등에 준다고 한다.

주말농장안의 모임장소로 등원

2) 교육활동

칼스루헤 숲유치원은 장애와 비장애유아의 통합교육이 이루어지고 있으나, 현재 장애를 가진 유아가 있는 것은 아니고 가끔씩 장애유아가 이곳을 방문하여 함께 활동하는 것이 다른 곳과는 달랐다. 보통 3주에 한번 장애기관에서 이곳을 방문하고 이곳의 유아들이 반대로 장애기관을 방문하곤 한다.

이곳에서의 활동은 나무에 기어오르기, 바닥에서 진흙으로 놀이하기, 풍뎅이 등 곤충을 발견하면 이를 관찰하고 궁금한 사항들을 동·식물도감을 통해 그 내용을 확인한다. 그리고 이곳 숲유치원에서는 주로 상상력을 동원한 놀이인 해적탐험, 공룡놀이 등이 이루어지며, 이는 아이들의 생각과 상상에 의해서 이루어진다. 또한 이곳은 주말농장을 이용한 곳이라 정원이 정비되어 있었으며, 이 정원에서는 식물의 사계절에 대한 자연체험이 자연스럽게 이루어진다. 봄, 여름에는 싹이 나고 꽃이 피는 계절이어서 식물들을 모아 색깔교육과 식물들을 종이에 붙여 전시도 한다. 가을에는 열매들을 발견할 수 있는 계절이어서 각종 열매를 채취해 잼 만들기, 사과로 사과주스나 사과파이를 만들기도 한다. 또한 밧줄을 이용해 나무를 연결해 나무타기 등을 한다. 겨울에는 기후 특성상 비가 자주 오는데, 비가 안 오고 눈이 오는 경우 스키를 타기도 한다. 반면 눈은 2~3일 정도만 내려 눈썰매 등은 거의 탈 수가 없다. 이곳은 겨울철에 정적인 활동을 하기엔 너무 추운 온도여서 오히려 아이들이 이를 극복하고자 동적인 활동을 많이 한다.

칼스루헤 숲유치원에는 일반유치원처럼 자주 다른 곳으로 소풍을 가기도 하고, 소방서, 빵공장, 동물원 등을 견학하기도 한다. 부활절, 크리스마스와 같은 명절에는 이곳 숲에서 특별한 활동이 이루어진다. 부활절에는 이곳에서 등불을 만들어 시내로 이동하여 시가지를 돌면서 등놀이 행사도 하며, 그리고 양로원을 방문해 어른들과 함께 하는 시간도 갖고 있다.

교재・교구를 숲으로 이동하기 위한 수레로 주로 유아들이 끌고 다닌다.

일정한 구역이 정해져 있는 아침모임 장소인 주말농장에서 나와 숲으로 이동하고 있다.

간식을 먹기 위해 준비해 간 물통의 물로 손을 씻는 모습

손을 씻은 후 둥그렇게 모여 간식을 먹고 있고, 그 뒤에 자유놀이 활동 시 필요한 교재·교구를 싣고서 아이들이 끌고 간 빨간 수레가 보인다.

풀을 압박붕대로 사용하여 다친 팔을 응급처치하는 병원놀이를 하는 아이들의 모습

숲에서 발견된 풍뎅이를 주의 깊게 살펴보고 있다.

혼합연령으로 활동하는 숲유치원 아이들의 모습이 자연을 닮아 자연스럽다.

3) 학부모와 교사의 역할

이곳에선 교육에 대한 계획은 교사가 주로 하고, 교사와 학부모가 1달에 1회씩 학부모 회의를 통해 함께 최종 교육계획안을 결정한다. 교사는 활동 계획에 있어 학부모들이 해주길 원하는 프로그램을 연구해서 반영하기도 한다. 이러한 계획들은 각 가정으로 배부되며, 이에 대한 내용도 학부모의 의견을 반영하여 수정도 가능하다고 한다. 숲유치원의 교육활동은 계획이 있기는 하나, 주로 상황중심 교육으로 이루어지며 상황에 대한 주제 자체가 '숲의 상황'에서 온다. 예를 들면 숲을 가다가 개구리를 발견하게 되면 개구리가 주제가 되기도 한다. 또한 개구리가 알을 품고 있는 것을 발견하게 되면 개구리알을 큰 어항에 집어넣고 올챙이와 개구리로 성장해 나가는 과정을 관찰하고 나서 다시 원래의 곳에 가서 풀어 주는 등의 활동이 이루어진다.

이곳에서의 교육활동은 교사가 자연에 대한 기본적인 지식과 아이들에 대한 자세한 관찰을 통해서 매일 매일 진행이 된다. 또한 교사는 유아주도적인 활동이 되도록 아이들에 대한 신뢰를 가지고 있어야 한다. 즉 "아이들은 무엇이든 할 수 있다"라는 유아를 신뢰하는 교사의 마음만이 유아의 발달을 긍정적인 방향으로 이끌 수 있다

칼스루헤 숲유치원의 교사는 오전 8시부터 오후 2시까지 월요일부터 금요일까지 두 명이 근무하며, 한 명의 교사는 3일간만 근무하고 있다. 이곳에서는 수요일에 교사회의가 있어 전체 교사가 다 모인다. 교사는 1주일에 근무시간 외의 6시간을 학습준비와 학부모와의 면담시간으로 사용한다. 또한 이곳의 교사들은 자연친화 교육과 관련된 교사교육이나 재교육을 받는다. 주로 그 내용은 자연교육, 숲교육, 자연탐구 교육 등의 교육이다. 이 숲유치원에는 특별히 산림학을 전공한 산림관이 교사로 재직하고 있었는데, 이 교사는 산림학을 전공하고 3년간 산림관으로 있다가 숲유치원 교육에 매료되어 교사가 되었기에 숲생태계에 대한 깊은 지식과 정보를 가지고 있어 아이들과 숲에서의 활동이 좀 더 탐구적으로 이루어지고 있다.

칼스루헤 숲유치원은 원아모집을 위해 1년에 한번정도 지방신문과 인터넷에 광고를 한다. 입학여부는 학부모가 숲유치원을 방문하여 선택한다. 실제로는 모집광고 보다는 학부모의 입에서 입으로 숲유치원의 교육적 효과가 전달되어 큰 홍보 없이도 유아가 모집되고 있다. 또한 이곳에 다니려면 부모와 함께 1일~3일정도 숲활동을 하면서 이곳의 교육관을 이해하여야 한다. 그러나 모든 유아들이 숲유치원을 다니고 싶다고 해서 취원할 수 있는 것은 아니며, 지원한 아이의 취원에 대해서 학부모

회의를 열고 그곳에서 결정이 난다. 결국 학부모끼리의 교육관이 맞는지 함께 일을 할 수 있는지 여부에 따라 이 숲유치원을 다닐 수 있다. 즉, 설립주체가 부모이고 운영주체도 부모이기 때문에 입학을 하는 과정도 학부모들의 동의로 이루어진다.

또한 이곳의 학부모들은 여러 가지 과제를 안고 있다. 정원을 꾸미고, 망가진 곳들을 구석구석 수선하고 정리하기, 신문 등에 이 숲유치원을 알리는 일 등 모든 운영을 학부모가 책임을 져야 한다. 따라서 이곳의 대표는 학부모 대표회의에서 3명을 선출하게 되는데, 1명은 대표, 1명은 재정담당, 1명은 행정담당 등의 일을 분담하여 한다. 또한 3명의 대표가 모일 수 있는 사무실이 별도로 있는 것이 아니라 각자의 집에서 인터넷으로 모임을 갖는다.

학부모 대표가 학부모로서 자신의 자녀를 숲유치원에 보내는 이유를 다음과 같이 들려주었다.

"아이들의 존재란 움직이는 존재입니다. 움직임이란 스포츠가 아닌 자연스럽게 숲 속의 활동에서 움직임을 배울 수 있어야 합니다. 이렇게 움직임을 배우고, 자연에 대해 체험하고 사계절에 대해 저절로 알 수 있기 때문에 이곳을 보냅니다."

5. 움직임 교육의 본보기

- 프라이부르그(Freiburg) 숲유치원 -

1) 숲유치원 운영형태 및 환경

독일의 바덴뷰르템베르그 주의 흑림(Schwarzwald)에 위치한 프라이부르그 숲유치원은 2000년에 법인단체에서 설립한 곳으로 프라이부르그 시에서 80%정도 재정적인 지원과 나머지 20%는 학부모들이 지출하는 교육비에 의해서 운영된다.

프라이부르그 숲유치원은 4개 반으로 각 20명 정도로 운영되고 있다. 반의 연령구성은 2.5~3세반-1개 반, 3~5세 혼합연령이 3개 반이며, 15명의 교사가 종사하고 있다. 프라이부르그 숲유치원은 시에 의해 자연보호 구역으로 지정된 곳에 자리 잡고 있다.

이 숲유치원에서는 컨테이너 하우스 벽을 게시판으로 활용하고 있으며, 이 게시판에는 숲유치원에서 유아들이 활동을 구체적으로 무엇을 하고 있는지 그 내용을 전시해 놓기도 한다. 또한 여름방학의 프로그램 등 숲유치원에서의 행사계획도 알린다.

숲의 입구에 마련된 컨테이너 하우스에 숲유치원을 소개하는 내용이 붙어있다.

등원 시 타고 온 유아들의 교통수단인 자전거가 숲속에 놓여있다.

모임장소에 아이들이 모여 활동을 하고 있다. 아이들이 둥그렇게 앉을 수 있는 나무둥치 의자와 동작촉진을 위해 구성해 놓은 밧줄과 폐타이어가 보인다.

숲 입구에 마련되어 있는 나무 사다리. 아이들은 이 사다리를 이용해 높은 나뭇가지 위에까지 올라갈 수 있다.

2) 하루일과 및 교육의 특성

프라이부르그 숲유치원의 운영시간은 9시부터 2시까지이다. 통상적으로 유아들은 8시 30분부터 9시 사이에 등원하며 9시부터 아침모임이 시작되는데, 노래도 부르고 놀이도 하고 주제를 가지고 이야기를 하는 활동이 시작된다.

활동이 끝나면 이 모임장소 주변에 7~8군데 정도 다양한 놀이장소가 있어서 자유놀이를 할 수 있다. 컨테이너에는 다양한 책이 준비되어 있어 책도 읽을 수 있으며, 요리도 하고 공작도 할 수 있는데, 그것은 유아들의 자유선택에 의해서 이루어진다. 그러나 대부분의 아이들은 컨테이너에서 활동하기보다는 숲에 나가서 활동을 한다. 역시 이곳에서도 컨테이너 하우스는 악천후의 경우에 대피하는 장소로만 사용되고 있다.

프라이부르그 숲유치원의 교육활동에 있어 특이한 것은 요일마다 정해진 프로그램이 준비되어 있다는 것이다.

□ 월요일 : 요리활동.

□ 화요일 : 주제를 정해 프로젝트가 진행됨.

□ 수요일 : 창의의 날로 정해 창의적인 도구를 가지고 공작

활동을 함.

□ 목요일 : 이 숲을 떠나 소풍을 가게 된다. 전혀 이곳이 아닌 다른 곳의 숲을 방문하거나 혹은 전철이나, 버스를 이용하여 빵을 만드는 곳, 철도박물관, 농가 방문, 소방서, 경찰서 등의 현장 견학을 간다. 아이들에게 숲만 필요한 것이 아니라 다른 곳에서의 생활과 사회적 지식도 필요하기에 이러한 활동이 이루어지게 된다.

□ 금요일 : 축제의 날로 정해 다양한 축제문화를 즐길 수 있도록 준비되어 있음. 만약 축제가 없을 경우엔 움직이는 마리올렛 인형극을 하기도 한다.

화요일의 프로젝트 활동은 주로 취학 전 유아를 위한 특별한 프로그램으로 준비를 한다. 만 5세, 6세를 위한 프로그램으로 다음과 같은 활동이 준비되어 있다.

- 종이가 만들어지는 과정(4주 정도)프로젝트
- 서커스에 대한 프로젝트는 초등학교에 입학하기 전 여름방학을 이용하여 유아가 서커스 공연장을 부모와 함께 갈 기회가 있기에 의미가 있는 것으로 취학 전 유아가 주인공이 되어 공연을 하기도 한다.

- 음식 만드는 프로젝트
- 손의 소근육과 섬세한 발달을 위한 종이접기
- 동물사육 장소 방문
- 자전거에 대한 프로젝트
- 교통안전 프로젝트 (시에 나가서 직접 교육을 받게 되면 경찰청으로부터 확인증을 받게 되는 4주 동안의 교통안전에 대한 프로젝트)
- 고무도장으로 자기 이름 찍어 보기, 나는 누구일까? 라는 프로젝트
- 가족에 대한 이야기, 자신의 성장 프로젝트

이러한 프로젝트 활동을 한 후 교사는 유아들의 모습을 담고 실제 활동한 것들을 모아 포트폴리오로 완성하여 9월 학기가 시작되어 유아가 초등학교로 입학하게 될 때 숲유치원의 졸업 선물로 준다.

유아들은 2시가 되면 모두 집으로 귀가하며, 2시 이후에는 초등학교 학생을 위한 교육의 장으로 방과 후 교육이 이루어진다. 2시가 되면 초등학교 방과 후 활동을 지도하는 교사가 아이들과 함께 이곳에 와서 숙제지도와 다양한 숲체험 활동 등이

이루어진다. 방과 후 교사는 6시까지 이곳에서 머무르게 되며, 14명의 아이들이 이곳을 이용하고 있다.

방과 후 활동으로 초등학교의 학생들이 이곳에서 활동할 수 있는 것은 자연스럽게 유치원과 초등학교의 연계교육이 이루어질 수 있도록 마련한 이 곳 숲유치원 설립주체의 프로그램의 일부이다.

숲으로 이동하기 전에 아이들은 스스로의 가방을 메고 준비하고 있다.

숲으로 이동하기 전에 만 3세 유아들이 나무의 그늘진 곳에서 자유롭게 간식을 먹고 있으며, 교사도 준비해온 간식을 함께 먹고 있다.

3) 움직임 교육의 실천

프라이부르그 숲유치원은 거의 평지에 숲이 조성되어 있어 나무가 곧게 높이 자라 유아들이 나무에 오르기가 어렵다. 따라서 특별히 움직임 교육을 위해 일부러 지정된 공간을 활용하여 나무에 오를 수 있도록 인공적으로 목재를 이용한 설비를 하기도 하였으며, 컨테이너 하우스의 벽을 이용하여 오르기 활동을 할 수 있는 암벽타기를 설치해 놓았다. 또한 숲유치원과는 다소 어울리지는 않으나 인위적으로 폐타이어를 이용해 놀이공간을 구성해 놓았는데, 이는 의도적으로 동작교육을 촉진하기 위해 설치해두었다고 한다. 그러다 보니 자연스럽게 나무와 나무를 연결할 수 있는 밧줄, 사다리 등이 의도적으로 사용되고 있음을 볼 수 있었다. 이것은 모두가 아이들로 하여금 신체동작을 더욱 많이 할 수 있는 가능성을 부여하고 있었다. 그리고 무엇보다도 유아들에게 자유놀이에 몰입할 수 있도록 배려를 많이 하고 있었다.

숲유치원의 모토라고 할 수 있는 "아이들의 존재란 움직이는 존재이다"를 실천하기 위해 이런 시설들을 부수적으로 설치해 놓았다고 한다. 또한 이곳 숲지역은 평평한 곳이어서, 만 5세 대부분의 유아들이 숲유치원에 올 때 자전거를 타고 등원하는 것을 볼 수 있었다.

또한 이곳에서는 산림관이 숲의 환경에 많이 관심을 갖고 있었다. 예를 들면 이곳 숲에 심겨져 있는 나무가 유아들의 교육에 위험하다고 생각이 되면 그 나무를 베어 내기도 하고, 바람이 불면 쓰러질 것 같아 위험하다고 생각이 되면 그 나무를 자르고 잘 다듬어서 아이들의 모임장소 등에 통나무 의자로 사용될 수 있도록 배려하기도 한다. 이 지역의 산림관은 숲유치원의 원활한 운영을 위해 교육적인 배려와 무엇보다 아이들의 안전에 염두에 두고 이 숲을 관리하고 있다.

프라이부르그 숲유치원이 있는 숲에는 유아가 다양한 움직임 체험을 할 수 있도록 그 시설이 마련되어 있어 숲 전체가 유아들의 놀이터이다. 예를 들면 캠핑 장소로 이용되는 텐트, 나무에 오르는 사다리, 나무와 나무를 연결하는 구름사다리, 밧줄 등이 모형이 아닌 실제의 형태로 마련되어 있다.

청소년들을 위한 숲속의 캠핑 장소는 숲유치원 아이들도 이용할 수 있었다. 이곳에는 시에서 재정을 지원한 인디언식 주거 형식의 커다란 텐트가 마련되어 있다. 이곳은 폭우가 내릴 경우 대피하거나 요리를 하거나 축제를 하거나 하는 장소로 사용되며, 텐트의 재료로는 요트의 돛으로 이미 사용된 천을 재활용하고, 1년에 한 번씩 꼭 닦아 위생적으로 관리될 수 있도록 노력을 하고 있다.

숲유치원의 활동장소로 사용되는 숲의 곳곳에 모험을 즐기는 장소로 나무와 나무사이에 밧줄로 흔들다리가 설치되어 있어, 마치 군대의 유격장을 방불케 했다. 유아들을 위해서도 모험심과 담력을 키우기 위해 적당한 높이로 이런 시설을 설치해 놓은 것이 특징이다. 웬만한 도시에는 대공원이나 놀이터에 이런 모험 놀이시설이 설치되어 있지만 여기는 숲에 이런 시설이 있는 것이 특이했다. 그리고 숲의 바닥은 나무껍질을 분쇄한 부드러운 나무 조각들로 깔려져 있어 쿠션역할을 하기에 위험을 방지할 수 있다. 그리고 이곳에도 다른 숲유치원처럼 밧줄이나 활동할 수 있는 자료들을 보관하고 있는 작은 컨테이너가 있다.

유아들의 움직임을 숲활동과 함께 더더욱 촉진시키고자 컨테이너의 한쪽 벽면을 암벽타기 영역으로 설치해 놓았다.

유아들이 균형잡기 놀이를 할 수 있도록 나무와 나무사이를 통과할 수 있도록 나무다리가 마련되어 있다.

나무와 나무사이에 연결된 밧줄로 된 사다리와 나무를 탈 수 있도록 밧줄이 마련되어 있다.

숲속에 오르기 기구를 이용해 나무의 중간지점의 휴식처까지 오를 수 있으며, 원할 경우 그곳에서 하룻밤 취침을 할 수 있다.

이미 사용된 요트의 돛대 천을 모아서 만든 거대한 텐트인데, 주로 캠핑 장소로써 축제를 그 안에서 열기도 하고, 대피소의 기능을 하기도 한다.

<독일 숲유치원의 교육적 특징>

독일에서는 2009년 현재 900여 곳에 숲유치원이 운영되고 있다. 숲유치원에 대한 교육적 진가가 인정되면서 운영형태나 환경구성의 형태나 교육 프로그램에도 다양성이 나타나게 됨을 위 사례를 통해 볼 수 있었다. 그러나 다양한 형태의 숲유치원이 운영되고 있더라도 근본적인 교육적 개념과 아이들을 바라보는 관점은 동일하다는 것을 알 수 있다. 그 교육적인 내용을 요약해보면 다음과 같다.

첫째, 숲유치원은 무엇보다도 움직임에 대한 교육이 핵심이다. 움직임의 교육을 중요시하는 것은 요즘의 우리 아이들에게 있어 시사하는 바가 크다. 체격은 비대해졌으나 체력은 약하게 된 우리의 아이들이 숲에서의 움직임 교육을 통해 정상적인 신체와 정신발달을 이룰 수 있다는 것이다.

둘째, 장애아와의 통합교육이다. 행동장애가 있는 유아는 일반유치원에서는 적응하기 힘들다. 이러한 유아가 숲에 오면 공간의 장애 없이 마음껏 소리치고 움직이고 하면서 교육의 원천인 자연과 동화되기에 통합교육을 성공적으로 실천할 수 있다.

셋째, 숲유치원에 다녔던 아이들은 일반유치원에 취원했던 유아들보다 사회성이 발달되었고 자연속에서의 무한한 자연물을 놀잇감으로 여기며 활동하기에 창의성 증진과 더불어 사고력 발달에도 큰 영향을 받고 있다.

넷째, 숲유치원을 마치고 초등학교에 입학한 아이들이 초등학교 생활에 만족하고 수업시간에 집중력과 자립심, 그리고 협동심을 나타냈으며, 초등학교와의 연계교육도 자연친화적 교육차원에서 성공적으로 이루어지고 있음을 볼 수 있었다.

다섯째, 일반유치원보다 숲유치원은 아동 수에 비례한 교사 수가 많다. 보통 15명의 유아를 위해 3명의 교사(실습교사 1인 포함)가 배치되어 일반유치원보다 많은 수의 교사가 배치되어 있음을 알 수 있었다. 즉 적어도 학급 당 1명의 교사가 차이가 있다. 교사의 수가 많다는 것은 유아를 관찰하고 보호해 줄 수 있는 좋은 교육적 환경을 가지게 됨을 의미한다.

여섯째, 숲유치원에는 총체적인 발달 내지 전인적인 발달이 이루어진다. 특히 신체발달에 있어 움직임과 평형감각은 월등하다고 볼 수 있다. 일반유치원은 일부러 움직임 교육을 할 수 있는 공간을 따로 만들어 주지만 숲에서는 매일 매일의 생활이 움직임 자체인 자연스런 공간이라고 할 수 있다.

일곱째, 숲유치원을 설립하기 위해서는 설립주체가 있어야 한다. 보통 설립주체는 시나 종교단체(천주교, 기독교, 복지시설에 허가하는 경우)이다. 그리고 학부모가 주도된 설립주체도 많은데, 이 경우 법인이 되기 위한 절차를 밟아야 한다.

여덟째, 숲유치원의 운영을 위한 재정에 있어 시의 지원이 모두 다 이루어지고 있었다. 통상적인 운영을 보면 80%정도 해

당 시의 재정적인 지원과 20%는 학부모들에 의한 교육비에 의해서 운영된다.

아홉째, 숲유치원의 교육이 원활히 이루어지기 위해 교사의 역할을 전문화하며 단순화하고 있다. 즉, 교사는 '교육에만 전념'하도록 하며 기타 사무적인 업무는 교사가 하는 것이 아니라 봉사를 지원한 사무원이나 학부모 대표가 명예직으로서 행정업무를 처리한다.

제2장

스위스의 숲유치원과 숲학교

제2장 스위스의 숲유치원과 숲학교

유 · 초등 연계교육의 본보기

- 스위스 샹. 갈렌(St. Gallen) 숲유치원과 숲학교 -

샹갈렌 숲유치원과 숲학교의 교육이념은 자연교육에 근거를 두고 있다. 자연교육은 학습의 본질적 내용을 설정하는 토대이며, 학습은 구조화되어 있지 않은 숲과 들의 자연스런 환경에서 이루어지고 있다.

1) 운영형태 및 학급구성

스위스의 샹갈렌 시에 위치한 샹갈렌 숲유치원은 법인에 의해 설립된 숲유치원이다. 이곳은 다른 곳과는 달리 숲유치원과 숲학교가 통합적으로 운영되고 있다. 즉, 숲유치원과 숲학교가 연계성을 가지고 운영되는 곳으로 3살부터 9살까지의 유아와 아동들이 이곳에 다니고 있다. 특히 숲학교에 오는 아이들도 어쩌다 일 년에 몇 차례 오는 것이 아니라 매일 매일 숲학교로 오는 정규학교인 것이다. 여기 초등학생은 1, 2학년이며 3학년이 되면 일반초등학교로 가게 된다.

숲학교 학생의 규모는 한반이 15~20명 정도 이며, 유치원도 1반이 운영되고 있다. 숲유치원이 보통 단독으로 존재하는데, 샹갈렌의 경우 숲유치원과 숲학교와 함께 운영되고 있으며, 이러한 형태는 독일이나 스위스 어느 곳에서도 찾아 볼 수 없었다. 따라서 숲유치원과 숲학교와 함께 운영되는 이곳은 세계적으로 유일하다고 할 수 있다.

스위스 샹갈렌 숲학교 방문시 숲유치원과 숲학교의 연계에 대하여 진지하게 토론을 하고 있다.
(사진의 왼쪽부터 숲학교 교사 치르키, 교장 보러, 필자)

2) 교육 자료의 보관 장소와 교육 장소인 컨테이너 하우스

샹갈렌 숲에는 컨테이너 하우스가 두 개 있는 데 한 곳은 교재창고이며, 한 곳은 교실이다. 그러나 이곳은 폭설이나 폭우가 올 때만 사용되는 곳이지 교실은 어디까지나 자연 그 자체이다.

초등학생을 위한 컨테이너 교실의 외부 모양

교재창고로 사용되는 목조로 된 컨테이너의 외부 모양

(1) 교육 자료의 보관 장소로 사용되는 컨테이너 하우스

나무 목조로 지어진 컨테이너 하우스는 교재 교구를 보관하는 장소로 쓰이기도 하고 선생님이 쉴 수 있는 공간으로도 사용된다. 그러나 교사가 여기 오래 있으면 아이들이 여기가 고정된 교실인지 오해할 소지가 있기에 그리 오래 있지 않는다고 한다. 이 컨테이너 하우스에는 요리할 수 있는 공간, 숲에서 활동할 수 있는 공구들, 프로젝트 등에 활용될 교육 자료가 주제별로 플라스틱 정리함에 잘 정리되어 있었다. 실제 동물이 박제되어 보관된 상자, 식물이 체계적으로 보관된 상자 등이 준비되어 프로젝트 활동 시 필요한 정리함을 들고 수레에 싣고 숲으로 간다. 여기에 있는 모든 동물박제는 실제 사냥꾼에게서 기증을 받거나, 아이들이 숲에서 발견하여 가져온 것이다.

동물의 뼈들이 모여 있는 상자에는 노루의 발, 여우의 해골, 독수리 깃털 등이 있었다. 이러한 동물의 뼈들은 동물 프로젝트를 할 경우에 이용한다. 동물 프로젝트 시에는 교사는 컨테이너 하우스에서 동물의 뼈가 담긴 상자를 꺼내어 이동수레에 담고 숲으로 가지고 가서 실제를 보면서 활동을 한다. 또한 곤충상자도 있으며, 이 곤충상자를 꺼내보면서 곤충의 성장과 거의 실제의 모습을 관찰할 수 있다. 보통 학교에서 곤충에 대한 교육은 그림을 보며 다리가 6개임을 알지만 이곳에서는 실제 곤충을 보면서 눈과 감각으로 익힐 수 있다. 특히 아이들이 발견한 비버의 털, 실제 발견된 새, 새알, 그리고 풍뎅이, 다양한 종류의 나비 등이 원형대로 잘 보관되고 있었다. 이러한 재료는 모두 정리함에 종류별로 정리가 되어 교육 보조 자료로 적절히 활용하고 있다.

컨테이너 교재 창고 안에 숲에서 발견된 새알의 껍데기가 보관되어 있다.

숲에서 발견된 곤충이 표본화되어 정리되어 있는 함을 보여주고 있다.

(2) 초등학생을 위한 교실역할을 하는 컨테이너 하우스

초등학교 아동이 교실로 사용하는 공간으로 목조 건물로 된 전기가 들어오는 컨테이너 하우스가 마련되어 있다. 그러나 이곳은 교실은 아니며 아동이 악천후 시 학습할 수 있도록 마련된 공간일 뿐이며, 교실은 역시 숲 전체라고 하였다. 이 숲학교에서는 일반초등학교와 똑같은 교과과정을 자연속에서 배운다.

아이들은 일반학교에서처럼 자동차 등의 일상적인 이름만 쓸 것이 아니라 꽃과 곤충의 이름을 쓰면서도 글을 자연스럽게 익힐 수 있다. "일반학교에서는 책이나 공책의 필기를 통해 배우지만 우리들은 자연체험을 통해 자연을 배운다"라고 한다. 이곳에는 난로가 준비되어 있었으며, 창가에는 책상이 한 줄로 배치되어 있었고, 책상 위에는 낮이라도 날씨가 어두울 경우 학습에 도움을 주기위해 형광등이 설치되어 있었다. 샹갈렌 지역의 숲은 눈이 많이 내려 영하 10℃까지 내려가는 경우도 종종 있어, 이럴 경우 난로를 피운다고 한다. 그리고 컨테이너 하우스 내부의 한 벽에는 유아들이 지켜야 할 규칙이 쓰여져 있다.

- 우리들은 떠들지 않는다.
- 우리들은 싸우지 않는다.
- 우리들은 다른 아이들이 활동하면 조용히 나간다.
- 다 활동한 후에는 정리하고 던지지 않는다.

악천후 시 초등학생의 학습지도를 위해 마련된 컨테이너 안의 교실 풍경

3) 세계 최초의 숲학교 운영

법인단체로 1998년에 숲유치원을 설립하였는데, 이는 스위스에서 첫 번째 숲유치원이다. 스위스에서는 숲유치원보다는 숲에서 놀이를 한다는 의미의 숲놀이그룹(Waldspielgruppe)으로 먼저 시작되었다. 2001년에 비로소 숲학교가 설립되었는데 설립된 동기는 숲놀이그룹과 숲유치원을 다녔던 유아들이 연계교육상 숲학교가 꼭 필요했기 때문이다.

2003년도에 두 번째 숲유치원이 생겼으며, 2007년 여름에는 오후숲놀이그룹(Waldspielnachmittag)이 생겼다. 2009년 현재 스위스에는 1곳의 숲학교와 7곳의 숲유치원 그리고 70여 곳에 숲놀이그룹이 성공적으로 운영되고 있다.

숲유치원과 숲학교 그리고 숲놀이그룹의 운영형태는 다음과 같다.

- 숲놀이그룹은 만 3세 이상이 되어야 하며 1주일에 2번 온다.
- 숲유치원은 만 4세부터 취원이 되며 매일 온다.
- 숲학교는 6세부터 9세까지 다닐 수 있다. 숲학교를 마치게 되면 일반학교 3학년에 갈 수 있다.
- 스위스도 독일과 마찬가지로 각 유아교육기관이 칸톤(주) 나름대로의 교육적 컨셉에 의해 운영되고 있다.

샹갈렌 숲유치원과 숲학교에서의 하루일과 운영형태는 숲으로 이동하기 전까지 즉, 자유놀이와 아침모임까지 유치원 연령의 유아들과 초등학교 연령의 아동이 함께 어울려 놀이하며 모임을 갖는다. 아침모임 후 숲으로 이동하는 과정에 있어 초등학교 연령과 유치원 연령이 나뉘어져 각각의 교사와 함께 움직이게 된다. 이때 유치원 연령의 유아가 초등학교 연령의 활동을 하기를 원할 경우 초등학교 연령의 모임으로 함께 가는 것도 가능하다. 이러한 것은 그날의 활동 내용이나 상황에 따라 유아들이 스스로 결정할 수 있다고 하였다.

아침모임 장소로 부모와 함께 등원하는 모습

아침모임 시 숲 주변에서 쉽게 볼 수 있는 자연물을 찾아 분류하기를 할 수 있도록 '만달라' 틀을 마련해 주고 있다.

유아와 초등학교 아동이 만달라 틀을 중심으로 함께 둥그렇게 모여 아침모임을 갖는다.

유아와 초등학생이 함께 숲 주변에 있는 자연물을 찾아 선생님이 처음에 분류해준 기준에 따라 자연물을 분류를 하고 있다.

숲으로 이동하기 전에 유치원 연령의 유아가 선생님 주변에 자유롭게 모여 앉아 있다.

숲으로 이동하기 위해 초등학교 연령의 아동들이 스스로의 배낭을 짊어지고 선생님 주변에 모이고 있다.

유치원의 유아들이 모여서 친구에게 편지를 써서 나뭇가지로 만든 통에 말아 넣기를 하기 위해 모였다.

나뭇가지 사이에 나뭇잎을 끼워 장식을 한 후 소원을 빌어 나무통에 꽂았다.

숲학교 아동이 전지가위를 이용해 활동하는 모습

초등학교 아이들이 넓다란 천을 바닥에 깔고, 편지를 쓴 후 공구를 가지고 나뭇가지를 이용해 편지를 보낼 편지통을 만들고 있다.

4) 숲학교와 숲유치원에서의 교육에 대한 관점

교육적인 컨셉은 크게 상징적 의미에서 3가지 기둥으로 볼 수 있다. 즉 자연교육학, 개별적인 학습, 비구조화된 놀이 및 학습 재료이다.

(1) 첫 번째 기둥 : 자연교육학이란 무엇인가?

학교에 가서 무엇인가 배우기를 원한다면, 학교를 가기 전에 자연에 대한 긍정적인 정서감이 이루어져야 하며 이것이 전제가 되어야 한다. 반면에 아이들이 자연에 대해 공포심이나 자연은 더럽고 흉하다는 의식을 갖게 되면 학교에 가서도 잘 배울 수 없게 된다.

예를 들면 아이들이 병들어 죽은 독수리를 잘 메고 가서 묻어주고 생명에 대한 존귀함을 느낄 수 있도록 의식을 행한다. 이와 같이 죽은 동물을 정성껏 묻어주고, 아름다운 장식을 하게 되는 의식을 통해 그 장소는 감성과 영성을 키울 수 있고 아울러 창의적인 작품을 만들 수 있는 공작 장소가 되기도 한다. 또한 어릴 때의 쐐기풀은 부드러워서 채취하여 스프를 해먹을 수도 있지만 성장하면 거칠고 잎의 표면에 날카로운 가시들이 많이 나게 되어 접근 자체가 어려워진다. 아이들은 이러한 쐐기풀의 성장과정에 대해 경험하고 느끼면서 쐐기풀에 대해 관심을 갖게 된다. 유아기는 단순히 이성을 통해 결과만 아는 것이 아니라 모든 과정을 오감과 가슴으로 느낄 수 있도록 해 주어야 한다.

숲유아교육학은 상징적으로 세 개의 큰 기둥으로 성립되어 있는데, 그 중 첫 번째 기둥인 자연교육학이 지향하는 교육의 방향을 요약하면 다음과 같다.

- □ 숲과 자연의 순환에 대한 탐구
- □ 자연이나 그와 관련된 광범위한 주제 규정
- □ 구성, 계획, 그리고 '자연과의 만남 4단계'의 원리 및 구조에 관한 고찰
- □ 유아의 천성에 입각한 감각표현 및 학습 경험이 가능하게 하고, 준비하게 하고, 학습하게 하며, 모든 감각으로 인지하게 한다.
- □ 자연은 놀이하듯이, 그리고 조형적이고, 동화적인, 또한 예술적인 방법으로 체험해야 한다.
- □ 자연에서 문제 상황이 발생하였을 때 대처하는 능력 함양
- □ 숲과 연관된 식물학 및 동물학에 대한 전문지식
- □ 지속적으로 영향을 미치는 환경교육의 기준을 세우는 일

□ 지도하는 교사의 순수성

□ 명상교육

□ 정체성 교육

□ 아동이 긍정적인 자연체험이 가능하도록 인도하는 일

아이들은 유치원에 오면 집게를 이용해 출석확인을 스스로 하고 있다.

자연열매를 이용하여 날짜 확인을 하고 있다.

(2) 두 번째 기둥 : 개별적인 학습(자유놀이)

아이들이 숲에 와서 가장 먼저 찾고 생각하는 것은 자유놀이이다. 학습에 있어 중요한 것은 스스로 놀이할 수 있는 자연스런 환경이 제공되면 아이들은 자연스럽게 배우게 된다. 예를 들면 어떤 아이가 눈을 뭉쳐 산을 만들었다. 그 후 그 아이는 누가 이야기 하지 않았는데도 자를 가져다 눈으로 만든 산의 높이를 재기 시작하였다. 스스로 산의 높이에 관심을 갖게 된 것이다. 아이들은 이러한 자유놀이 과정을 통해 에베레스트가 높은지 아니면 알프스가 높은지에 대해 자연스럽게 관심을 보이기 시작하였다. 두 번째 예를 들면 아이들이 숫자와 높이에 대해 관심을 갖기 시작했다. 그리고는 그 숫자와 높이를 적어보기도 하였다. 적을 책상이 없자 친구의 등을 이용해 적게 되었다. 보통 학교에서는 '자 여러분 자를 이용해 길이를 재도록 하겠습니다'라고 할 것이다. 그러나 여기에서 아이들은 놀이를 통해 산의 높이와 숫자와의 관계를 보면서 자연스럽게 자를 재는 방법까지도 터득하게 된다.

이 곳 숲유치원과 숲학교에는 많은 공구들이 있다. 이러한 공구들은 다소 위험해 보인다. 그렇지만 아이들은 내가 책임지고 이것을 가지고 놀아야 한다는 것을 알고 사고에 대해서도 나의 책임이라는 것을 알아 조심히 다루게 된다. 교사가 '위험해, 위험해'라고 하지 않아도 자신의 책임아래 조심성 있게 행동해야 한다는 것을 인식하고 있다. 그래서 아이가 난 할 수 있고, 할 수 있는 능력이 있고 하고 싶을 때, 또 내 능력이 어느 정도 임을 알 수 있을 때 공구를 사용하기 때문에 위험한 사고가 없다. 아이들은 나무를 톱질하고 도끼를 사용하고 불을 지피기도 한다. 이러한 놀이를 하면서 아이들은 자기 자신이 필요한 공구들을 가지고 가서 스스로 사용하면서 방법이나 주의사항 등을 알게 된다. 자료만 제공해 주면 배우는 것은 아이들 스스로이다. 무엇을 하라고 명령할 필요는 없다. 왜냐하면 스스로 배울 수 있는 능력이 아이들의 내면에 이미 자리잡고 있기 때문이다.

숲유아교육학의 두 번째 기둥인 개별적인 학습을 위한 세부내용은 다음과 같다.

- □ 교육자는 항상 아이들의 욕구 및 놀이에 대하여 정확한 방향 설정이 되어 있어야 한다.
- □ 아이들이 자유롭게 선택하여 학습이 일어날 수 있도록 여건 조성을 한다.
- □ 교육자는 앞에 나서지 않으며 조심스럽게 뒤에서 살피는 관찰자이자 놀이의 조직능력자이다.
- □ 자유놀이에서 교육자의 과제는 아이들의 놀이를 관망하고, 아이들이 자유놀이에 대한 기법, 주제, 욕구가 진취적으로 생성되고 발전해 나갈 수 있도록 돕는데 있다.

- □ 자극을 수용하고, 강화시키고, 안정화 되도록 한다.
- □ 개성적이고 개별적인 학습이 되도록 한다.
- □ 아이들은 과정 주도적으로 일하고 행위중심으로 배운다.
- □ 숲유치원의 일상 특히 자유놀이와 자유로운 활동에서 교육자는 아이들에게 책임을 부여하는데, 이는 교육적으로 매우 의미 있고 실감 나는 일이다.
- □ 학습내용은 아이들의 놀이 및 경험 그리고 외부에서 주어진 의전, 관습, 생일, 교육계획안 등의 내용이 연관 지어 구성된다.
- □ 아이의 연령에 의해서가 아니라 아이의 발달정도가 발달단계를 구분하는 기준이 된다.

숲에서 아이들이 다양한 만들기를 하기 위해 사용할 수 있는 아이들을 위한 공구가 교재・교구를 위한 창고에 정리정돈 된 상태로 준비되어 있다.

(3) 3번째 기둥 : 비구조화된 놀이 및 학습 자료

구조적이 아닌 배움 도구로써 숲에는 완성되지 않은 학습도구들이 무수히 많다. 예를 들면 교사는 동화를 들려주기 위해 자연물을 통해 동화를 구연해 주고, 교사가 시범을 보여주면 아이들은 모방을 통해 자기 나름대로 창의적인 활동을 전개하고, 때에 따라서는 연극도 진행한다.

숲속에 버려진 나무도 아이들에게는 유용한 놀잇감이다. 숲에는 자연적인 장난감이 무한정 널려있다. 하얀 눈 위에 이름을 써보기도 하고, 모닥불을 피우기 위해 작은 나무 큰 나무를 자연스럽게 쌓으면서 기하학적인 면을 알게 되고, 숲에 있는 열매와 나뭇잎을 보며 이를 분류하면서 수학적인 면을 알게 된다.

장난감의 홍수에서 아이들의 생각은 고정되고 더 이상 놀이방법을 생각하지 않으며, 싫증나면 새로 바꾸는 요즘의 세대에서 아이들은 숲에서 완성되지 않은 자연물을 이용해 다양한 놀잇감을 만들고 생각하고 고안해 내는 일들을 매일 매일 반복하게 된다. 이러한 활동이 가능하기 위해 강력한 뒷받침이 되는 것은 바로 숲에서의 자유놀이다.

숲유아교육학의 세 번째 기둥인 비구조화된 놀이와 학습 자료를 연관하여 본 교육자의 역할은 다음과 같다.

□ 교육자는 이미 만들어진 장난감이 아니라 자연적으로 구성된 숲을 이용하도록 노력하여야 한다. 학교 영역에서도 구조화된 학습 도구는 가능한 한 최소화 하여야 한다.

□ 아이들이 공구나 다른 자료 및 재료를 가지고 자신의 장난감을 스스로 만들도록 한다.

□ 자연소재를 가능한 한 모든 활동에 도입하고 사용하도록 한다.

□ 학습과 놀이의 장소는 자연, 곧 숲이다. 다양한 지형의 공간을 가능한 한 유용하게 활용하여야 한다.

□ 인위적으로 구조화된 공간, 예를 들어 숲쇼파 등은 교육자의 사전계획과 목적에 의하여 설치되어야 한다.

□ 교육자는 다양하고 특이한 주제의 선정에 자유로워야 하며, 악기, 공구, 천, 책, 로프, 종이, 핀, 가위, 접착제 등의 재료를 활동을 위해 준비해 놓는다.

악천후 시 아이들이 숲에서 활동할 수 있도록 숲의 한쪽에 발트쇼파(숲쇼파)가 마련되어 있다.

숲에서 살고 있는 여우의 굴이 발견되었으며, 아이들도 여우의 발자국이나 실제 모습을 본 경험이 있다고 한다.

<스위스 숲유치원과 숲학교의 교육적 특징>

스위스 편에서는 숲유치원과 숲학교를 연계하여 운영되고 있는 샹갈렌 지역의 숲유치원과 숲학교를 중심으로 고찰해 보았는데, 이는 세계적으로 유일하게 숲에서 유·초등 연계교육이 실천되고 있는 본보기로써 그 교육적 효과와 의의가 이미 알려진 바 있다. 스위스 샹갈렌 숲유치원의 또 다른 특징을 살펴보면 다음과 같다.

첫째, 숲놀이그룹(Waldspielgruppe)은 스위스 전역 70여 곳에서 활동이 이루어지고 있다. 이곳 샹갈렌에는 이미 10년 전부터 숲놀이그룹을 운영하고 있는데 3개 그룹 규모로 원아는 그룹당 12명이며 운영시간은 08:45~12:00까지이다. 교사진은 1명의 놀이전문가와 1명의 협력자 혹은 1명의 실습생이 배정되어 숲놀이그룹이 잘 진행되도록 돕고 있다. 유아들이 숲놀이그룹에 오는 요일은 월요일과 화요일 혹은 수요일과 목요일이다.

숲놀이그룹의 활동은 숲유치원과 유사하게 놀이중심의 일과가 진행된다. 즉 그날의 숲의 상황에 따라 흙언덕에서 미끄럼도 타고, 오두막집을 짓기도 하고, 동화를 듣기도 하고 숨바꼭질 놀이도 하고, 자연소재로 공작활동도 한다. 이 숲놀이그룹은 현재 우리나라의 산림청에서 숲해설가에 의해 진행되고 있는 숲속 유치원과 숲체험 활동에 시사하는 바가 크다 하겠다.

둘째, 오후숲놀이그룹(Waldspielnachmittag)은 샹갈렌 숲유치원에서 2007년 여름에 설립되어 3~9세 아이들을 위해서 특색 있게 운영되고 있다. 이곳에는 아이들이 오전에 숲놀이그룹, 숲유치원, 혹은 숲학교를 다녀와서 종일제 보육과 방과후 교육의 개념으로 오후 5시까지 숲에서 머물며 활동할 수 있기에 맞벌이 부모들의 기대에 부응하고 있어 이미 2010년의 자리까지 마감이 돼있을 정도로 인기가 높다. 숲유치원이 활성화되려면 이러한 오후 숲놀이그룹이 많이 생겨 학부모의 보육 및 방과후 교육에 대한 요구를 해결해 주어야 하며, 이를 통해 맞벌이 부부의 자녀들도 숲유치원에 어려움 없이 취원하게 되는데 큰 도움이 될 것이다. 이는 앞으로 우리나라의 숲유치원의 활성화를 위해서도 해결하여야 할 과제라 할 수 있다.

셋째, 샹갈렌 숲유치원의 법인 팀에서는 숲교육을 성공적으로 이끌기 위해 자연교육학 관련의 이론 강좌와 현장 프로그램(예: 자유놀이, 비구조적인 장난감 만들기, 밧줄 묶기, 초급동·식물학, 자연과 관련된 노래와 동화, 숲에서의 요리 등)을 개설

하고 현직 교사들의 재교육과 연수교육을 장·단기 계획에 의하여 체계적으로 지원하고 있다.

넷째, 샹갈렌 숲유치원과 숲학교에서는 숲에서 발견된 동·식물, 광물 등의 자연소재들을 선별하고 정리하여 교육 자료로 활용하는 점이 특이했다. 즉, 교구·교재 창고에는 숲에서 발견된 온갖 사물들이 서랍식 정리함에 동·식물과 광물의 분류기준에 따라 잘 보관되어 있고, 이를 필요 시 실용적인 교육 자료로 활용하고 있음을 알 수 있었다.

제3장

한국의 숲유치원

제3장 한국의 숲유치원

기존의 주입식 교육이 아닌 자연 속에서 뛰어놀며 체험활동 중심의 숲체험 교육이 유럽뿐만 아니라 요즘 우리나라의 유아교육 현장에서도 바람직한 교육적 대안으로 대두되고 있다. 이는 21세기 인류사회가 지향해야 할 최선의 과제가 사람과 자연 존중의 가치관 형성에 있기에 이를 교육에 반영하고자 하는 요구가 절실하기 때문이다. 이러한 시대적 요구와 맞물려 자연체험 교육이 자연스럽게 이루어질 수 있는 '숲'이라는 공간은 최근 숲의 치유효과라는 차원과 함께 우리의 삶에 매우 친숙하게 다가서고 있다. 특히 유아교육 현장에서는 유아의 움직임 교육의 중요성이 인식되면서 유아의 전인적인 교육과 맞물려 신체발달에 도움을 주는 숲에서의 체험교육에 대한 수요가 갈수록 증가되고 있다. 이러한 숲에서의 체험교육에 대해 국내에서 진행되고 있는 숲체험의 사례를 살펴보면 다음과 같다.

첫째, 기존의 유치원이나 어린이집에서 특별 프로그램의 일환으로 1주일이나 1달에 한두 번 정도 인근의 산으로 가서 숲길을 따라 산책하거나 또는 숲을 체험하는 형태이다. 이는 각 유아교육기관에서 교육과정을 운영하면서 숲체험 교육을 생활주제와 연관성을 갖고 통합적인 교육과정을 운영하는 형태로 유아교육이나 보육을 전공한 담임교사의 인솔 하에 숲체험 교육이 필요시 이루어지고 있다.

둘째, 산림관련 기관에서 진행되고 있는 숲 속 체험교육을 들 수 있다. 특히 북부지방산림청은 2008년부터 국내 최초로 '한국형 숲속 유치원' 사업을 활발히 전개하고 있으며, 효과적인 운영을 위해 산하 국유림관리소는 유치원과 보육기관들과 협약을 맺어, 협약기관의 유아들이 숲을 방문해 숲해설가의 도움아래 숲체험을 할 수 있도록 바람직한 녹색교육의 장을 제공하고 있어, 그 호응도가 매우 높고 참가자의 신청이 쇄도하고 있는 실정이다.

셋째, 인천대학교 숲유아교육연구소에서 운영하는 숲유치원을 들 수 있는데, 이는 국내에서 최초로 인천의 청량산에서 시범적으로 운영되고 있는 매일반 형태의 숲유치원이다.

이 장에서는 인천대학교 부설 숲유치원을 중심으로 한국의 숲유치원을 고찰해 보고자 한다.

<인천대학교 부설 숲유치원>

인천대학교 숲유아교육연구소는 숲을 통한 유아교육의 방향을 제시하고 그 실천방안을 연구하고자 설립된 대학 부설 연구소이다. 이에 연구소에서는 2009년 8월 27일부터 국내 최초로 매일 매일 유아들이 숲을 교실삼아 숲으로 등원하여 활동하는 전형적인 숲유치원을 청량산에 시범운영하고 있다. 이에 앞서 인천의 청량산은 2009년 초 북부지방산림청 관내 숲유치원 시범사업 적용을 위한 최적의 대상지로 서울의 북악산과 함께 선정된 장소로, 2009년 3월에는 녹색교육 활성화를 위한 북부지방산림청장과 인천대학교 총장 간의 업무협약이 체결되었다. 이어서 숲유치원의 녹색교육 운영을 위하여 서울국유림관리소와 숲유아교육연구소가 업무협약을 맺었다.

인천대학교에서 시범운영하고 있는 숲유치원은 매일반(월~금요일) 형식으로 독일의 전형적인 숲유치원과 유사하게 숲에서 교육이 이루어지고 있으며, 우리나라에 적합한 한국형 숲유치원의 모델을 정립하고자 시범 운영되고 있기에 이를 소개하고자 한다.

인천대학교 부설 숲유치원은 인천광역시 연수구 청량산에 소재하며, 만 3, 4세 혼합연령으로 13명의 유아와 원장1인, 교사 2인, 자문위원 및 운영위원으로 구성되어 있다. 원장 및 교사는 교육경력이 7년 이상이며, 유치원 교사자격증을 소지하고 있으며, 자연친화 교육에 관심을 갖고 유럽의 숲유치원에 대한 탐방 및 한국 숲유치원 정착을 위한 연구에 매진하고 있는 인천대학교 숲유아교육연구소 소속의 연구원이다.

이 숲유치원은 인간과 자연과의 조화스러운 관계를 어린시기부터 알게 하며, 유아의 신체와 정신을 전인적으로 성장 발달시키는데 있음을 교육이념으로 삼고 있으며, 자연을 생각하고 생명을 존중하는 어린이 육성을 위하여 숲에서의 계절에 따른 자연의 변화 및 소재를 가지고 교육을 하고 있다. 여기에서는 숲유치원의 하루일과를 중심으로 교육의 실제에 대하여 고찰하고자 한다.

1) 등원

오전 8시 30분부터 청량산 숲 입구에 마련되어 있는 어린이공원으로 부모와 함께 숲유치원 아이들이 등원을 한다. 공원에서 모이기 때문에 아이들은 공원에 마련되어 있는 운동기구나 놀이시설을 이용하며 다른 친구들이 모두 오기를 기다리고 있다. 학부모는 교사와 자기 아이에 관한 이야기를 자유롭게 나누며, 교사는 유아가 가정에서 하는 행동이나 언어 등에 대한 내용을 부모님을 통하여 듣게 된다. 몸이 안 좋은 유아나 주의해야 할 사항도 아침 등원 시에 자유롭게 이야기를 나누며 유아의 건강 및 기본적인 욕구 등에 대한 정보를 공유한다.

2) 숲으로 이동 및 숲길 탐색

9시경이 되면 아이들은 숲으로 이동을 한다. 숲으로 이동을 하면서 아이들은 주변에서 볼 수 있는 자연물이나 변화된 환경 그리고 곤충들에 관심을 갖고 탐색을 한다. 아이들은 이동하는 동안 숲길에 마련된 연못을 관찰하기도 하고, 배수시설을 위하여 돌로 구축 해 놓은 길다란 도랑길에 들어가 걸어보기도 하며 스스로 도랑에서 나오는 연습을 하게 되는데, 작은 아이는 큰 아이의 도움을 받기도 하고, 낮은 높이의 장소를 찾아 올라가기도 하고 돌 사이에 있는 홈에 발을 디디고 올라오기도 한다. 아이들은 계절이 변화되면서 항상 있던 식물들이 조금씩 변화되는 모습에 놀라움의 소리를 지르기도 하고 작은 개구리나 귀뚜라미를 찾아 뛰어다니기도 한다. 숲으로 이동하는 동안 아이들은 교사의 시야에서 벗어나지 않아야 하며, 언제든지 교사의 소리를 들을 수 있는 거리에 있어야 한다. 그리고 길이 갈라지는 곳에서는 반드시 기다리고 교사보다 먼저가거나 뒤에 쳐

지지 않도록 사전에 교육을 시키고 규칙을 지키도록 한다. 숲으로 이동하는 거리는 보통 1km정도이며 30분 정도 소요되는 거리이다. 그러나 아이들이 이동하는 시간은 이것저것 관찰하며 걷다보니 보통 1시간 정도 소요되는 경우가 많다.

비가 내린 다음날 빗물 웅덩이가 생기자 장화를 신은 아이는 웅덩이에 들어가 나뭇잎을 만지기도 하고 웅덩이에서 걸으면서 물이 튀기는 상황을 관찰한다.

가을에 붉게 물든 붉나무의 커다란 나뭇잎을 이용해 나비의 날개를 표현하고 있다.

숲길을 이동하면서 바닥에 있는 나무발판을 밟으며 모양을 이야기하고 있다. 하트모양만 밟아보자 이번엔 동그란 모양만 밟아보자~~ 자연스럽게 또래와의 상호작용이 이루어진다.

길이 갈라지는 곳에서 친구들이 오기를 기다리며, 다 모인 후 의견을 모아 오늘 활동할 숲을 정한다. 단, 생일을 맞은 유아가 있는 경우에는 그 유아가 원하는 숲지역으로 가서 활동하게 된다.

숲길을 따라 걸으며 길 옆에서 흔히 볼 수 있는 풀(개여뀌)을 이용해 장식을 하고 있다.

아이들이 가장 좋아하는 연못이다. 연못 주변에는 처음 보는 수생식물도 많고 특히 움직이는 곤충과 다양한 거미가 있어 아이들이 탐색하며 오래도록 머무르는 장소이다.

금방이라도 비가 내릴 것 같은 날씨이기에 아이들은 모자가 달린 방수복을 입고 빠른 걸음으로 이동하고 있다.

바람이 불자 나뭇잎이 떨어지는 모습을 보면서 아이들도 나무를 흔들며 떨어지는 나뭇잎을 보고 있다.

나무의 뿌리가 위로 나왔어요. 왜 이렇게 되었을까? 하면서 의견을 주고받으며, 흙으로 나온 뿌리 부분을 덮어주고 있다.

주변에서 달콤한 냄새가 나, 무슨 냄새일까? 아이들은 달콤한 냄새가 나는 계수나무 잎을 만지고 서로 이 냄새야 하면서 이야기를 한다.

도랑에서 위로 올라오기 위해 작은 아이가 도움을 요청하자 큰 아이가 나무막대를 건네어 주며 올라올 수 있도록 도움을 준다.

비가 오면, 얼마만큼 빗물을 받을 수 있을까? 빗물을 모으기 위해 가지고간 통을 아이가 머리에 쓰며 깡통로봇을 흉내 내고 있다.

숲의 중간에 천천히 오는 친구들을 기다리고 있으면서 오면서 발견한 자연물을 탐색하고 있다.

숲속에 베어져 있는 나무를 놀이도구로 활용하기 위해 아이들이 힘을 합쳐 주의를 집중하여 균형 있는 걸음걸이로 놀이장소를 향해 이동하고 있다.

주변에 산재해 있는 나뭇가지 중에서 가장 마음에 드는 두 개를 골라 나무스키를 탄다고 경사진 곳에 서있다.

경사진 숲속의 흙 언덕에서 아이들이 집중하는 자세로 미끄럼을 타고 있다.

숲속에 쌓여있는 낙엽 속에서 보물 낙엽을 찾고 있다.

날씨가 추워지자 옷을 양파식으로 여러 겹 껴입고 숲으로 이동하고 있다.

숲으로 이동하는 길에 눈 위에 아무런 흔적이 나 있지 않아 마치 하얀 설탕가루 같다며 누워 보기도 하고 굴러보기도 한다.

하얀 눈 위에서 미끄러져 넘어졌으나 유아의 표정은 너무도 즐겁고 행복해 보인다.
눈이 쌓여 있으나 아이의 표정에서 '나쁜 날씨란 없다. 다만 나쁜 복장이 있을 따름이다'라는 숲유치원의 표어를 실감할 수 있다.

눈의 모양을 자세히 보기 위하여 준비된 돋보기로 나무위의 눈을 관찰하며 숲으로 이동하고 있다.

숲으로 가면서 먼저 도착한 아이들이 친구들을 기다리기 위해 눈 위에서 기다리고 있다.

3) 대집단 활동

숲에 10시경 도착하면 아이들은 배낭을 일정한 장소에 놓아두고, 교사가 있는 곳으로 방수방석을 가지고 둥그렇게 모여 앉는다. 아이들이 다 모이면 날짜 확인과 출석 확인을 한다. 결석한 아이가 있을 경우 그 이유를 이야기 해주고 어제 있었던 일이나 궁금한 이야기 등을 돌아가면서 발표한다.

대집단 활동은 교사가 준비해온 교재를 가지고 계획에 의한 활동을 하게 된다. 주로 교육 소재는 나무, 바람, 흙, 곤충, 하늘 등 자연을 소재로 하며 활동의 형태는 아이들에게 자연에서 지켜야 할 규칙이나 내용, 자연에 대한 지식 등을 중심으로 아이 스스로 구성해 가기 위해 이야기나누기, 노래, 게임, 실험 등으로 이루어진다.

숲에는 다양한 색깔이 있기에 나뭇잎을 수집하여 아이들과 색깔 찾기를 하고 있다.

나뭇잎을 이용해 나뭇잎 모자를 만든다. 자기가 만든 모자를 쓰고 패션쇼를 한다.

비닐주머니에 마른 나뭇잎을 넣어 방석을 만들어 바스락 소리를 듣기고 하며, 앉아보기도 한다.

나무 프로젝트를 하면서 교사는 나무의 속, 아이들은 나무의 줄기를 표현하고 있다.

아이들이 주변에 쓰러져 있는 일본 잎갈나무를 끌고 와 나뭇가지에 얹어 푸르름이 감도는 아늑한 모임장소를 만들었다.

4) 간식

가정에서 준비해 온 간식을 20분 정도 먹는다. 간식을 먹기 전에 가정에서 준비해 온 물수건으로 손을 닦은 후 손소독제로 다시 한번 깨끗이 손을 닦는다. 아이들은 보통 제철에 나오는 과일, 떡, 고구마, 피망, 오이 등의 달지 않고 건강에 좋은 식품을 간식으로 먹는다.

숲에서 유아들이 간식을 하기 전에 유아 각자의 물수건으로 손을 닦고 있다.

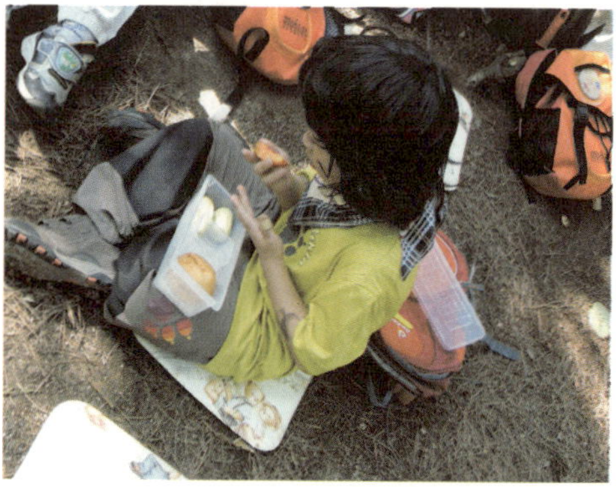

건강에 좋은 과일과 빵을 준비해와 여유 있게 먹고 있다.

5) 자유놀이

유아 주도형 놀이가 11시부터 시작된다. 아이들은 자신이 하고 싶은 놀이를 위해 숲에 무한히 널려있는 자연물을 창의적인 놀잇감으로 사용하게 된다. 주로 놀잇감은 나뭇가지, 나뭇잎, 솔방울, 도토리, 밤쭉정이 등이다. 교사는 유아놀이가 확장될 수 있도록 끈이나 가위, 색종이 연필, 펜, 동화책 등을 교사 배낭에 넣고 다니며 아이들이 놀이시간이 되면 놀이장소에 교구, 공구 등을 사용하기 좋게 비치해 준다.

자유놀이는 보통 매일 매일 새롭게 이루어지기도 하고, 전날의 놀이를 확장하여 이루어지기도 한다. 큰 아이들이 놀이하는 모습을 지켜보면서 놀이를 익히고 놀이를 익힌 작은 아이들은 다음날 그 놀이를 재현하기도 한다. 미리 계획하고 의도하지 않았지만 창의적인 놀이가 자연스럽게 이루어진다. 예를 들면, 아이들은 나뭇가지를 이용해 배와 기차를 만들기도 하고, 땅을 파면서 애벌레를 발견하기도 하고, 곤충을 관찰하기도 하고, 솔방울을 이용해 전화기를 만드는 등 다양한 놀이가 자연스럽게 이루어진다. 숲유치원의 교육을 가장 잘 대표할 수 있는 것은 바로 유아 스스로 선택하여 놀이하는 자유놀이라고 할 수 있다.

간식으로 먹었던 계란을 솔방울로 표현하며, 돌이 식탁이 되고 떡갈나무 잎이 접시가 되기도 하는 소꿉놀이를 하고 있다.

나무에 걸터앉아 유아 자신이 좋아하는 곤충을 흉내 내고 있다.

솔방울과 나뭇잎 등을 이용해 숲에서 발견한 여러 가지 곤충의 모양을 만들고 있다.

주변에 산재한 나뭇가지를 주워 사슴의 뿔을 표현하고 있다.

주변에 있는 나뭇잎을 가지고 그릇과 음식을 만들고 있다.

쓰러진 나무를 운반하여 굵은 나무 위에 올리면 재미있는 시소가 된다.

숲에 떨어져 있는 도토리 깍지로 그릇을 만들고 주변에 있는 풀과 꽃잎으로 밥상을 차린다.

아이들은 팔과 다리로만 나무 위에 올라가는 것이 아니라 온몸을 이용해 자신이 할 수 있는 방법을 총동원해 나무위로 올라간다.

나뭇가지에 끈을 연결하고 길쭉한 나무 조각이나 돌로 찌를 만들어 낚시를 할 수 있다. 떨어진 나뭇잎을 찌에 걸어 올리면 아이들은 "와~ 엄청 큰 고기를 잡았다!"고 한다.

나무의 굵기, 길이 그리고 쇠를 두드렸을 때 들리는 소리가 다르다. 썩은 나무 둥치는 유아들의 훌륭한 악기가 된다. 마음에 드는 나뭇가지를 들고 와 두드리며 소리를 탐색한다.

부드럽고 시원한 흙은 숲 속의 커다란 도화지다. 도토리 깍지와 다양한 모양의 나뭇가지는 어떤 것이든 표현이 가능하다. 유아들은 가장 좋아하는 '엄마'를 표현했다.

숲에서 흔히 볼 수 있는 솔잎은 유아들에겐 뾰족한 바늘이 되며, 바닥에 떨어진 떡갈나무 잎은 천이 된다. 유아의 바느질 솜씨가 예사롭지 않다.

두 개의 나뭇가지를 이용해 바이올린을 켜며 숲속의 음악 연주가가 된다.

숲 속에 산재해 있는 나뭇가지는 무엇이로든 활용할 수 있다. 나뭇가지 두 개는 스키폴이 되고 숲은 스키장이 되어 다른 유아에게 방해가 되지 않도록 스키를 탄다.

낙엽이 종이가 되어 아이들은 낙엽위에 글씨를 쓰고 있다.

흙을 이용해 초코케이크를 만들며 장식을 하고 있다.

낙엽이 깔린 곳에서 자유롭게 놀이를 하며, 낙엽아래에 있는 도토리를 찾고 있다.

숲에서 아이들은 그림을 그릴 수도 있다. 이 아이는 오늘 숲에서 본 곤충들을 모두 그리며 선생님에게 무엇을 그렸는지 이야기하고 있다.

자기 나무를 찾는 놀이를 하면서 행복해 하고 있다.

숲에서 아이들은 마음껏 뛰며 바람의 움직임을 느낄 수 있다.

솔방울과 낙엽을 이용하여 새를 만들고 있다. 아이들은 작업 시 매우 진지하며 정성을 다하고 몰입을 하며 최선을 다하는 모습을 볼 수 있다.

흙놀이를 좀 더 재미있게 하기 위해 큰 아이가 작은 아이에게 좋은 방법을 이야기해주고 있다.

날씨가 추워지자 장갑을 끼고 놀이하기가 아무래도 불편했던지, 장갑을 아예 벗어두고 맨손으로 열심히 땅을 파고 있다.

모종삽으로 땅을 파고 나뭇가지를 촘촘히 올려 함정을 만든다. 하룻밤 자고 나면 어떤 작은 동물이 지나가다가 빠져 있을까?

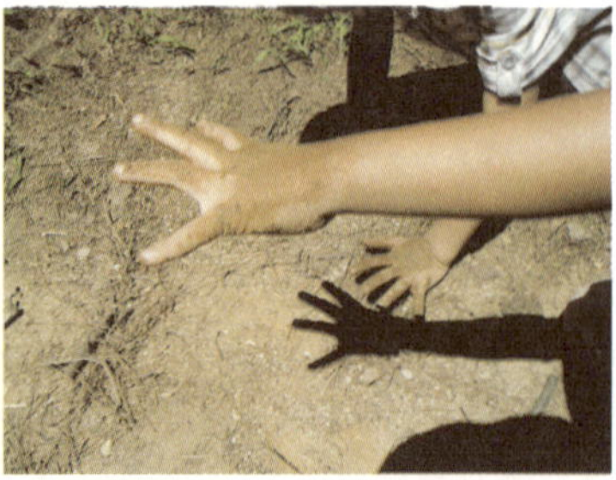

햇빛이 좋은 날, 손으로 그림자 놀이를 할 수 있다.

밤쭉정이에 가는 가지를 끼워 숟가락을 만들어 소꿉놀이를 한다.

땅을 파다 우연히 애벌레를 발견하자 아이들은 다시 애벌레를 있던 자리에 놓고 흙으로 덮은 후 영역을 표시해 주고 애벌레가 다치지 않게 조심하라고 이야기 해준다.

주변에 있는 열매를 이용해 초코케이크를 만들어 장식을 하였다.

조용한 숲에 엎드려 생각에 잠긴 아이도 볼 수 있다.

자유놀이 시간에 곰인형을 가지고 인형극을 하고 있는 아이를 바라보는 숲유치원 원장과 숲아이들의 표정이 생동감 있고 너무도 행복해 보인다.

작은 씨앗을 발견하자 아이는 땅에 심고 영역을 나뭇가지로 표시하고 있다. 망치대신 삽으로 나뭇가지를 땅위에 대고 내려치고 있다.

아이들은 도토리를 보관할 창고를 만들기 위해 열심히 땅을 파고 있다.

땅에 구덩이를 파고 목욕탕을 만들어서 목욕을 한다며 편안히 누워 있다.

비가 내려 쓰러져 있는 나무들을 이용해 배를 만들어 먼 바다로 항해하고 있다.

날씨가 추워지자 아이들은 흙 위에 붙어 있는 로제트 식물을 보며 '바닥에 붙어 있다'하면서 관찰하고 있다.

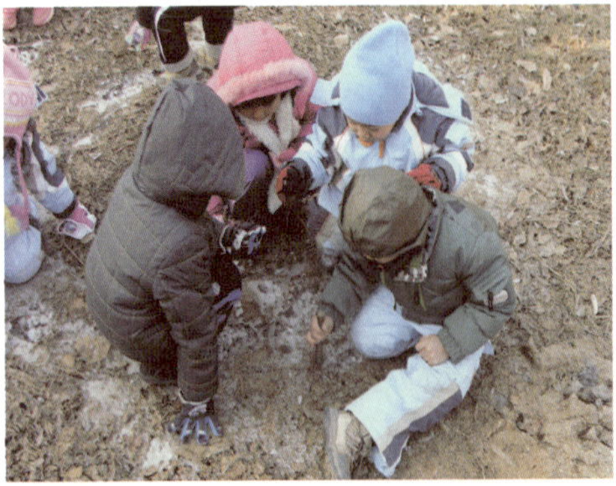

기온이 떨어져 연못에 있는 물이 얼음으로 변하자 아이들은 '아 바빠요. 저는 지금 일하고 있어요' 하면서 열심히 얼음을 깨고 있다.

얼음위에서 썰매도 타고, 미끄러지기 놀이를 하며 잠시 쉬고 있다.

연못의 얼음을 깨려면 어떻게 해야 할 지 서로 의논하고 있다.

아이들이 삽을 이용해 눈 속을 파보기도 하고, 모아보기도 하는 놀이를 마치자 삽을 어깨에 메고 있다. 아이들은 모두 자기가 한 일에 대하여 뿌듯한 모습으로 추위를 전혀 느끼지 않는 것으로 보인다.

수북이 쌓인 눈 위로 가느다란 나뭇가지가 보이자 유아가 모종삽을 이용해 숨어있는 나뭇가지 밑부분을 살피고자 주변의 눈을 치우려고 하고 있다.

약간 경사진 장소에서 비닐(비료포대)을 깔아 눈썰매를 타다가 텔레비전에서 본 동계 올림픽 경기 중 봅슬레이를 흉내 내며 '눈썰매보다 더 빠르다'라 하며 국가대표 선수처럼 멋진 자세로 내려오고 있다.

눈이 수북이 내린 숲 속에서 선생님과 아이들이 즐거운 대화를 나누고 있다.

잠시 휴식을 취하고 있는 사이, 교사와 유아는 상호작용을 정답게 하고 있다.

자유놀이를 하다가 눈 위에서 편안한 자세로 쉬고 있다.

6) 동화

자유놀이가 끝나는 12시가 되면 아이들은 놀이하던 것들을 정리하고 배낭을 멘 후 교사가 있는 곳으로 모여 자유스럽게 앉아 동화를 들을 준비를 한다. 동화를 듣고 난 후 오늘 활동에서 가장 즐거웠던 일들을 이야기하며 하루를 평가한다.

따사로운 햇살을 받으며 집중해서 동화를 듣고 있다.

아이들이 '해적 보물의 숲'이라고 이름을 붙인 장소에서 열중해서 동화를 듣고 있다.

동화를 들으며 사뭇 진지한 모습을 하고 있다.

숲유아교육연구소 소장이 직접 아이들에게 '사과의 사계절' 동화를 들려주고 있다.

7) 귀가

모든 활동이 끝나면 아이들은 아침에 모였던 공원으로 이동한다. 보통 내려가는 시간은 20분 정도 소요된다.

부모님이 기다리고 있는 아침 모임장소(공원)로 이동하기 위해 아이들은 스스로 배낭을 메고 아침에 왔던 길을 되돌아가고 있다.

귀가하는 길에 지렁이를 보자 아이들은 바닥에 떨어져 있는 나뭇잎을 주워 지렁이를 집은 후 흙 위로 돌려보내고 있다.

귀가하는 길에 쓰러져 있는 나무를 보자 온몸을 이용하여 나무위로 올라가고 있다.

작은 물웅덩이에 발을 담가 양말이 젖어 여벌의 양말을 아이의 배낭에서 꺼내 갈아 신기고 있다

아침모임 장소로 돌아가는 길에 경사진 곳에서 아이들은 모두 미끄럼틀을 타며 "야~~" 하고 소리치면서 내려가고 있다.

<숲유치원 교육의 시사점>

그동안 인천의 청량산에서 우리나라의 숲아이들과 활동하면서 느낀 점은 무엇보다도 우리의 아이들이 외국의 아이들보다 훨씬 더 적극적이고 창의적인 방법으로 숲에서 놀이하고 활동할 수 있는 능력이 있다는 사실의 발견이었다.

매일 청량산의 자연을 접하면서 아이들은 그날의 날씨와 아이들의 몸과 마음의 상태에 따라서 하늘은 어제와 다르고, 나무와 그곳에 매달려 있는 작은 벌레들 그리고 흙 위에 자라고 있는 수많은 풀들도 모두 다르다는 것을 알게 되었다. 그리고 계절에 따라 어제와는 다른 숲을 발견하게 되었고, 어제는 보이지 않았던 도토리들이 오늘은 보이고, 갑자기 낙엽과 솔방울이 머리 위로 떨어지기도 하는 것을 체험하게 되었다. 또한 낙엽 속에 숨겨진 작은 도토리를 발견하여 관찰하는 가운데, 작은 애벌레가 도토리 속에 숨어 있음을 아이들은 볼 수 있었다. 흙을 파다보면 흙 속에서 밖으로 나갈 준비를 하는 톱사슴벌레의 애벌레들도 발견되었다. 아이들은 이 작은 애벌레들을 보면서 징그럽다고 생각하기보다는 뭇 생명들이 신비하고도 다양한 방식으로 자기의 삶을 살아가는 방법을 교사가 이야기 해 주지 않아도 알게 되었다. 그러면서 모든 생명은 소중하다는 생명존엄성을 느끼게 되었다.

아울러 아이들은 숲에서 놀이를 통해 혼자 보다는 함께 어울리는 방법을 자연스럽게 익혀 나갔다. 무거운 나무토막을 이동하기 위해 아이들은 서너 명이 힘을 합쳐 들기도 하고, 흙으로 케이크를 만들어 장식을 할 때에도 여럿이 하면 더욱 다양한 모양이 나온 다는 것을 알게 되었고, 얼음을 깰 때, 달리기를 할 때, 함께 어울려야 즐겁다는 것을 아는 아이로 자라게 되었다. 이렇듯 아이들은 숲에서 서로 어울려 친구관계를 형성하게 됨으로써 타인과 자신에 대한 이해를 높여나가는 그리고 무엇보다도 나 자신을 아끼고 사랑하는 아이로 성장되어 가고 있다.

글을 마치며

우리의 아이들은 잠시도 쉬지 않고 움직이는 존재이다. 이러한 움직임을 통하여 세상의 이치를 배워나간다. 그러나 우리 아이들의 현재 움직임은 자연스러운가? 움직일 수 있는 환경이 준비되어 있는가? 아이의 본성과 기질을 이해하고 아이가 지니고 있는 본연의 모습대로 교육시키기 위한 우리의 환경은 어떠한가?

요즘 '디지털 시대'에 걸맞게 우리의 아이들은 컴퓨터에 쉽게 노출되어 있고 TV나 방송매체에 의해 시각과 청각만이 발달되어지고, 조기교육이라는 미명아래 이미 유아기부터 마음껏 놀지도 못한 채 유아교육기관을 다녀온 후 오후엔 여기 저기 학원을 시간에 얽매여 다녀야 하는 현실 속에 살고 있다. 그러다 보니 어른이 되어서도 수동적인 존재로써, 자신의 생각을 제대로 펼칠 수 없는 성인아이로 성장하게 된다. 그러면 우리의 아이들의 본성을 살려 주기 위해 어떠한 요소들이 필요한가? 아마도 아이의 존재의 의미를 재정립해 본다면 그 답을 찾게 될 것이다.

아이의 존재는 어떠한 존재인가? 이 글의 서두에서 말한 것처럼 아이들의 존재란 움직이는 존재이다. 이러한 움직임이 자연스럽게 이루어질 수 있는 환경은 결국 자연 속에서 가능해진다.

근대교육의 아버지라 불리 우는 코메니우스는 자연의 원리에 따르는 합자연의 원리, 혹은 자연의 질서에 따른 객관적 자연주의를 강조하였다. 그는 키케로의 말을 인용하여 다음과 같이 말하였다.

『만일 우리가 자연을 안내자로 삼고 따라간다면 결코 길을 잃지는 않을 것이다』

루소는 [에밀]에서 자연을 통하여 바라보아야 할 아동중심교육의 관점을 다음과 같이 강조하고 있다.

『방 안의 탁한 공기 속에 그를 처박아 놓지 말고 날마다 목장 한복판으로 데리고 가라. 거기서 마음대로 달리고 뛰고 하루에 백 번은 넘어지게 하라. 가끔 넘어질수록 좋다. 그는 당장에 일어나는 것을 배울 것이다. 다소 다치게 되는 일이 있다 해도 자유의 기쁨이 그것을 충분히 보상할 것이다. 나의 제자는 종종

멍이 들 것이다. 그러나 그는 항상 쾌활할 것이다. 방안에 틀어 박혀 있는 여러분의 어린이가 설령 덜 다친다 하더라도 그들은 항상 하고자 하는 일을 제약받고 속박당하며 늘 쓸쓸할 것이다. 나는 그런 일이 어린이를 위하여 도움이 된다고는 믿지 않는다.』

『자연은 어린이가 어른이 되기까지 그대로 어린이로 있어 주길 바란다. 만약에 우리가 이 순서를 전도(顚倒)시키려 한다면 우리는 설익고 맛도 없으며 금방 썩어버리는 속성(速成) 과일을 만드는 꼴이 될 것이다. 즉, 나이 어린 박사와 늙은 아이를 갖는 셈이 될 것이다. 어린이에게는 어린이 나름대로 보는 방법, 생각하는 방법, 느끼는 방법 등이 있다. 그런데 그 대신 우리 어른들이 사물을 보는 방법이나 생각하는 방법을 어린이에게 적용시키려고 하는 것보다 더 미련한 일은 없을 것이다.』

페스탈로찌는 유아를 아직 싹트지 않은 씨앗에 비유하면서, 아직 망울로 맺혀 피지 못한 소질들을 어느 한쪽으로 기울어짐이 없이 고루 꽃피우게 하는 것이 교육의 목적이라고 하였으며, 이를 실현하기 위한 가장 위대한 교사를 자연 자체로 보았다.

이와 같이 교육의 역사 속에서 유아교육은 자연과 조화를 이루는 교육이 강조되어 왔으며, 인간의 전인적인 성장은 자연과의 만남에서 원만하게 이루어지기 때문에 자연과 조화를 이루는 교육이 무엇보다도 필요하다고 하겠다.

필자는 독일, 스위스, 한국의 숲유치원에서 활동하는 아이들의 모습을 보면서 아이들은 자연과의 만남의 시간이 많아질수록, 단순히 자연을 보는 것이 아니라 점차적으로 몰입하여 관찰하게 됨을 알 수 있었다. 즉, 유아들은 매일 매일의 숲에서의 활동을 통하여 날씨의 변화, 계절의 변화가 주는 깊은 의미를 알게 되며, 자연의 오묘한 진리를 온 몸과 정신을 통하여 체험하게 된다.

또한 숲에서 유아들의 놀이는 아이들에게 무엇인가 만들어 보고자 하는 창의적인 생각을 불러일으킨다. 인위적으로 만들어진 장난감이 아닌 무엇인가 본인의 생각을 가지고 의도를 가지고 본인만의 장난감을 상황에 따라서 창의적으로 만드는 것이 가능해진다. 즉, 숲의 흙, 도토리, 솔방울, 나뭇가지, 돌멩이, 이끼 등의 모든 사물이 유아들의 장난감의 소재가 된다. 책을 통해 아이가 볼 수 있는 것은 모양과 색깔, 이름뿐이지만, 숲에서는 그 감촉도 느낄 수 있고, 냄새도 맡을 수 있고, 맛도 볼 수 있다.

그리고 자연 속에서 교사는 무엇을 이야기하기보다 아이들이 바라보고 느끼는 것을 공감해 주고, 아이가 발견한 것에 같이 호기심을 갖고, 아이가 만들고 한 일에 대해서 아이를 인정해 주는 것이 무엇보다 중요하다는 것을 알게 되었다.

이제 우리는 아이와 공감을 갖고 자연이 천천히 변화하듯이 아이도 자연처럼 천천히 변화하게 될 것을 기다리자. 자연 속에서 교사들이며, 부모님들이여 아이에게 가르쳐 주어야 한다는 압박감에서 벗어나 아이와 함께 자연을 즐기고 느끼며 하늘을 향해 마음껏 웃어보자. 끝으로 다이아나 투먼스의 글을 숲유치원 교육을 지향하는 모든 독자에게 드리고자 한다.

만일 내가 다시 아이를 키운다면

만일 내가 다시 아이를 키운다면
먼저 아이의 자존심을 세워 주고
집은 나중에 세우리라.

아이와 함께 손가락 그림을 더 많이 그리고,
손가락으로 명령하는 일은 덜 하리라.
아이를 바로잡으려고 덜 노력하고,
아이와 하나가 되려고 더 많이 노력하리라.
시계에서 눈을 떼고 눈으로 아이를 더 많이 바라보리라.

만일 내가 다시 아이를 키운다면
더 많이 아는데 관심 갖지 않고
더 많이 관심 갖는 법을 배우리라.
자전거도 더 많이 타고 연도 더 많이 날리리라.
들판을 더 많이 뛰어다니고 별들을 더 오래 바라보리라.
더 많이 껴안고 더 적게 다투리라.
도토리 속의 떡갈나무를 더 자주 보리라.
덜 단호하고 더 많이 긍정하리라.
힘을 사랑하는 사람으로 보이지 않고
사랑의 힘을 가진 사람으로 보이리라.

참고문헌

산림청(2008). 숲속유치원 프로그램 개발 및 효율적 운영방안 연구. 정책연구용역 결과보고서.

이명환(2007). 독일의 숲유치원. 서울 : 교육아카데미.

숲유치원 국제세미나 자료집(2009). 녹색희망 숲유치원

Andersen, E.(1996). *Alles über Kindergarten*, Ravensburger Buchverlag, Ravensburg, 46-53.

Bickel, K.(2001). *Der Waldkindergarten*, Norden Media, o.O., 11-68.

Fitzke, D.(1998). *Spielzeug zerbricht-Erlebnisse sind unsterblich*, in : Arbeitsgemeinschaft Natur-und Umweltbildung ,a.a.O., 97-99.

Gaschler, P.(1999). *Motorik von Kindern und Jugendlichen heute.* Zeitschrift Haltung und Bewegung, 19, 3-9.

Häfner, P.(2002). *Natur-und Waldkindergärten in Deutschland-eine Alternative zum Regelkindergarten in der vorschulischen Erziehung,* Dissertation an der Univerität Heidelberg.

Häfner, P.(2003). Wie schulfähig macht der Waldkindergarten? in: *Kindergarten heute*. 4/2003, 32-35.

Huppertz, N.(2004). *Handbuch Waldkindergarten. Konzeption. Methodik*, Erfahrungen, PAIS-Verlag. Oberried.

Köllner, S & Leinert, C.(1998). *Waldkindergärten*, RIWA Verlag, Augusburg, 1-105.

Miklitz, I. (2005). *Der Waldkindergarten,* Dimensionen eines pädagogischen Ansatzes, Beltz Verlag, Weinheim und Basel.

Naumann, S.(1998). *Natürlich von Klein auf*, Ravensburger Buchverlag, Ravensburg, 13-49.

Neumann, A.(1999). *Waldfühlungen*, Ökotopia Verlag, Münster, 12-55.

Schede, H-G.(2000). *Der Waldkindergarten auf einen Blick*, Kösel Verlag, München. 7-77.

저자약력

■ 이 명 환

- 독일 프랑크푸르트 대학교 유아교육학 학사 · 석사
- 독일 프랑크푸르트 대학원 철학박사(유아교육학 전공)
- 독일 AMI 몬테소리 교육과정 수료(디플롬 취득)

현재) 인천대학교 사범대학 유아교육과 교수
숲유아교육연구소 소장
저서 및 연구물)
독일의 숲유치원, 최신보육과정, 안전교육의 이론과 실제
유아교육과정, 아동발달, 몬테소리 교육학과 발도르프 교육학,
프뢰벨과 몬테소리, 독일의 다양한 유아교육기관 등 다수

■ 김 은 숙

- 인천대학교 교육대학원 졸업(유아교육전공)
- 인천대학교 대학원 졸업(박사, 유아교육전공)
- 덕화유치원, 공립장미어린이집, 재능대학 부속유치원 교사 역임
- 재능대학 아동학과 겸임교수 역임

현재) 인천대학교 부설 숲유치원 원장
인천대학교 유아교육과 및 교육대학원 유아교육전공 외래교수
서울신학대학교 유아교육과 외래교수
저서 및 연구물)
최신보육과정, 안전교육의 이론과 실제
보육시설 운영에 필요한 서식개발(인천광역시)
보육시설 재무회계관리 표준화 방안 연구(여성가족부)
영유아 응급처치 전문화 교육과정 개발(보건복지부)

녹색교육 숲유치원

-독일 · 스위스 · 한국-

초판 2쇄 인쇄－2011년 9월 10일
초판 2쇄 발행－2011년 9월 20일

•

저　자－이명환 · 김은숙

•

발행인－김 의 용
발행처－교육아카데미

•

주소－서울시 성북구 석관동 77-37
전화－(02) 3142－9924(代)
(02) 967-9947
팩스－(02) 967-9948
E－mail : educa9937@naver.com
등록－1996년 9월 6일 No.2-2243

•

정가 10,000원